Der Untergang Österreichs

und andere Szenarien aus parallelen Welten. Alternative Geschichte einmal anders!

zusammengestellt von:
Peter Ripota

Bibliografische Information der Deutschen Nationalbibliothek

Die Deutsche Nationalbibliothek verzeichnet diese Publikation in der Deutschen Nationalbibliografie; detaillierte bibliografische Daten sind im Internet über http://dnb.d-nb.de abrufbar.

©2021 PeterRipota. 1. Auflage

Herstellung und Verlag: BoD – Books on Demand, Norderstedt

ISBN 9783754332986

Webseite des Verfassers:

http://www.peter-ripota.de/

e-mail-Adresse: tango@peter-ripota.de

Inhalt

Vorwort	6

ALLGEMEINES

Was ist Geschichte? Daten gegen Muster	9
Wie verläuft Geschichte? Kosmos gegen Chaos	12
Wie kann man Geschichte vorausberechnen?	
Spengler - Asimov - Turchin - Fucks	18
Welchen Einfluss haben Handlungen?	
Trends gegen Helden	29
Die Spielregeln	33

SPEZIELLES

Erde ohne Mond	
Die kosmische Kollision fand nicht statt	34
Saurius sapiens	
Der Chicxulub-Komet verfehlt die Erde	36
Antike ohne Demokratie	
Die Perser siegen bei Salamis	38
Alexus ante portas	
Alexander zieht gegen Rom	44
Christentum ohne Christus	
Weltreligion oder jüdische Sekte?	46
Jesus als Mensch	47
Religionsgemeinschaften der Juden	48
Die frühen Christen	40
Paulus	50
Christus wird begnadigt	51
Braucht das Christentum einen Märtyrer?	53
Jesus wird König der Juden	55
Der Kaiser von Amerika	
China erobert die Welt	57
Die finstere Zeit	
Die Spanier erobern England	61

Das sprachlose Land
Die Südstaaten gewinnen den amerikanischen Bürgerkrieg
70
Der Kaiser lächelt
Der Anschlag auf den Thronfolger Franz Ferdinand misslingt
74
Hitler-Szenarien 80
Hitler stirbt 1930: Weimarer Verhältnisse 80
Hitler stirbt 1937: Würdigung eines großen Staatsmannes
84
Hitler stirbt 1944: Sowjet-Deutschland oder Atomwüste?
88
Hitler triumphiert: Hätte er? 92
Sieg über Sowjetrussland: Die unterjochten Völker machen mit
98
Sieg über den Westen: Die deutsche Atombombe wird rechtzeitig fertig
102
Sieg über Eurasien: Die Nazis beherrschen die Alte Welt
104

INTERESSANTES
Die Welt in hundert Jahren 112
Die Zeitmaschine. Ein Science-Fiction-Rätsel 120

AMÜSANTES
Der Untergang Österreichs 138
Als Österreich zu Bayern kam 150
Meine Zeit als Waffenträgerin 154

LITERATUR 157

Vorwort

In meinem Buch über Zeitreisen habe ich dargestellt, was Physiker und Literaten zu diesem Thema zu sagen haben. In diesem Buch wird das Thema spezialisiert: Es geht um historische Ereignisse, die auch anders hätten stattfinden können - mit weitreichenden Folgen. Solche Überlegungen zu alternativen Geschichtsverläufen werden zunehmend auch von ernsthaften Historikern durchgeführt. Denn: Geschichte verstehen, heißt: ihre inneren Ursachen, Dynamiken, Parameter und Verläufe zu kennen. So definiert auch Wikipedia "Geschichte":

Unter Geschichte versteht man im Allgemeinen diejenigen Aspekte der Vergangenheit, derer Menschen gedenken und die sie deuten, um sich über den Charakter zeitlichen Wandels und dessen Auswirkungen auf die eigene Gegenwart und Zukunft zu orientieren.

Und das geht am besten durch die Vorstellung von alternativen Entwicklungen.

Geschichte verstehen heißt aber auch: Entwicklungen, die ins Verderben führten, in Zukunft vermeiden. Da sich Geschichte nie wiederholt, lernen die wenigstens daraus. Immerhin, einmal haben Politiker vermieden, was sie in einer entscheidenden Phase der europäischen Geschichte falsch gemacht haben. Nach dem Ersten Weltkrieg, als Deutschland darnieder lag, hat man es noch getreten, gedemütigt, finanziell ausgeblutet, zerstört. Ergebnis: Hitler, ein noch viel schlimmerer Krieg. Nach Ende *dieses* Krieges erinnerten sich die Politiker tatsächlich an ihre Untaten und taten das Gegenteil: Deutschland wurde hochgepäppelt, seine Untaten mehr oder minder vergessen, seine Finanzen geordnet, sein Volk geachtet. So wurde nicht nur ein neuer Krieg vermieden, es wurde mit Deutschland auch ein Stabilitätsanker wirtschaftlicher und politischer Natur im Zentrum Europas geschaffen. Wie gesagt: Manchmal lernen auch Politiker.

Wie wichtig alternative Geschichtsentwürfe sein können, beschreibt Hans-Peter von Peschke in seinem Buch "Was wäre wenn". Da stellt er folgende Ereignisse vor, die offensichtlich nicht stattfanden:

Im Frühjahr 2015 hat die linksgerichtete SYRIZA unter Alexis Tsipras die Wahl mit dem Versprechen gewonnen, sich auf keinen Fall dem „Finanzdiktat" der Gläubigerstaaten zu beugen. Kaum ist sie im Amt, ruft sie den Notstand aus, verbietet alle Geldflüsse ins Ausland, verstaatlicht alle Banken und führt eine neue Währung ein. Soldaten und Polizisten marschieren auf, um Unruhen im Keim zu ersticken. Streiks sind verboten, alle Mitglieder des öffentlichen Dienstes werden zu einer Art Miliz zwangsverpflichtet. Danach erklärt die griechische Regierung dem Ausland, ihre Schulden auf keinen Fall zu begleichen.

Fiktion? Gewiss, aber mit Folgen. Denn dieses Szenario stammt von dem bekannten amerikanischen Ökonomen James Galbraith. Kurz nach der gewonnenen Wahl in Griechenland beauftragte der neue Finanzminister Varoufakis den Wissenschaftler, einen Notfallplan auszuarbeiten für den Fall, dass es wirklich zu einem Grexit käme. Viel spricht dafür, dass diese fiktiv-alternative Geschichte die Regierung Tsipras so beeindruckte, dass sie einen möglichen Austritt aus dem Euro-Raum nun ablehnte und sich den Bedingungen der Gläubiger beugte, obwohl eben diese Bedingungen gerade in einer Volksabstimmung abgelehnt worden waren. Wie man sieht: Die Beschäftigung mit Alternativwelten ist nicht immer rein literarischer Natur.

In diesem Buch stellen wir uns, von allgemeinen Fragen abgesehen, unter anderem folgende Szenarien vor (in chronologischer Reihenfolge):

- Der Planet Theia traf die Erde nicht, es gab (und gibt) keinen Mond

- Der große Komet vor 65 Millionen Jahren schrammte an der Erde vorbei.

- Die Perser vereinnahmten Griechenland.

- Hannibal besiegte die Römer.

- Jesus wurde begnadigt (und andere Szenarien).

- Die Chinesen eroberten Amerika.

- Die Armada siegte vor England.

- Die Südstaaten gewannen den amerikanischen Bürgerkrieg.
- Das Attentat in Sarajewo ging daneben, es gab keinen Krieg, Österreich-Ungarn überlebte. Oder aber: Es wurde alles noch viel schlimmer!
- Hitler starb früh oder eroberte Moskau (und andere Szenarien).

Bei der Vorstellung dieser und anderer alternativer Welten mache ich keinen Unterschied zwischen Fachleuten (Historiker) und Literaten (Science-Fiction-Autoren). Erstere kennen die harten Fakten, müssen sich aber an die Regeln ihrer Profession halten (und auch auf ihren Ruf achten). Letztere leben von Einfällen, ungewöhnlichen Welten, und sie haben keine Angst vor ihrer Fantasie. Bei aller Ernsthaftigkeit des Themas: Viel Spaß bei diesen (mehr oder weniger wahrscheinlichen) Gedankenspielen!

Ich danke Nadja Fischer für ihre redaktionelle Hilfe und die vielen wertvollen Hinweise.

ALLGEMEINES

Was ist Geschichte?

Daten gegen Muster

Bild 1 zeigt Geschichte, wie sie oft gelehrt wird: eine Anhäufung unzusammenhängender Daten, die alles Mögliche bedeuten kann. In Bild 2 ist schon zu erkennen: Es handelt sich um etwas Bekanntes, in diesem Fall: um ein Gesicht. Aber ob Hitler (mit dem Bärtchen in der Mitte) oder Einstein (mit den abstehenden Haaren), das ist nicht klar. Erst ab Bild 3 sehen wir, um wen es sich handelt. Die Daten haben Gestalt angenommen. Wenn wir aber im Zustand 1 stecken bleiben, wie es in der Geschichtsforschung oft der Fall ist, dann konstruieren wir uns diese Gestalt nach unseren Vorstellungen. So entstehen Mythen, und die wahre Geschichte bleibt verborgen.

Der Ausdruck "Geschichte" ist im Deutschen (und in anderen Sprachen) doppeldeutig. Zunächst bezeichnet er Zahlen, Fakten und Daten aus der Vergangenheit, chronologisch geordnet. Was mich an meinen Geschichtsunterricht erinnert, der noch trockener war als die Aufzählung von Ländern, Hauptstädten und großen Flüssen in der Geografiestunde. Doch als wir einen neuen Lehrer bekamen, wurde es spannend: Er schilderte nicht *Geschichte*, er erzählte *Geschichten*.

Und ohne die geht es nicht. Aber, wie wir wissen: Jede Geschichte, die wir unseren Kindern zur guten Nacht erzählen oder als Hollywoodschinken genießen, ist subjektiv, ausgedacht, unwahr. Wie also sind diese beiden Ansprüche der Geschichtswissenschaft - nüchterne Realität plus erzählerische Zusammenfassung - miteinander zu vereinbaren? Wenn das Erzählen von Geschichten aus der Geschichte so wichtig ist - zu unserem Verständnis - was bleibt dann von den echten Fakten? Was sind überhaupt Fakten? Und können diese nicht auch anders gedeutet werden?

In der Tat, das können sie und das werden sie. Die allwissende Wikipedia meint dazu:

Mitunter wird vorgeschlagen, die Darstellung der Ergebnisse und Zusammenhänge als eine künstlerische Tätigkeit zu betrachten. Der Historiker soll dem Leser auf eine nachvollziehbare, objektive und überzeugende Weise den Gang der Ereignisse sowie deren Ursachen und Wirkungen, ein alltagsweltliches Geschichtsbewusstsein präsentieren.

Mehr noch: *Die Geschichtsphilosophie versucht, den Gang der Handlungen in einen übergeordneten Zusammenhang, ein Geschichtsbild, zu bringen.*

Und dazu gibt es ein eigenes Kapitel, "Geschichte als Konstruktion".

Nun könnten wir uns auf das Urteil der Fachleute, also der Historiker verlassen, aber die sind genauso verlassen, wenn die Quellen fehlen oder einander widersprechen. Das ist beispielsweise bei Jesus der Fall (keine echten Fakten), oder bei Nero (nicht-römische Berichte stellen ihn sehr positiv dar). Wozu noch kommt, dass wir selbstverständlich die Handlungen früherer Herrscher nach unseren Maßstäben beurteilen: Wir loben sie (Karl der Große), wir verdammen sie (Thomas Müntzer), oder wir machen beides (Napoleon). "*Der Historiker Fernand Braudel*" schreibt Wikipedia, "*beschrieb Grenzen der Objektivität, denen alle unterliegen, die Geschichte darstellen, einmal so: „In der Tat tritt der Historiker niemals aus der Dimension der geschichtlichen Zeit heraus; die Zeit klebt an seinem Denken wie die Erde am Spaten des Gärtners. Trotzdem träumt er davon, sich ihr zu entziehen."*"

In unserem Thema - alternative Geschichte - kommt ein weiterer Aspekt hinzu: Kann man die Geschichte voraussagen? Das muss der Fall sein, sonst hat es wenig Zweck, sich über nicht-faktische Verläufe Gedanken zu machen. Das aber ist nur möglich, wenn wir von bloßen Ereignissen absehen und versuchen, die zugrunde liegenden gesellschaftlichen, politischen, kulturellen, wirtschaftlichen und vielleicht auch spirituellen Strömungen zu erkennen, zu benennen und zu bewerten. Solche verborgenen Flüsse lassen sich indes kaum quantifizieren. Da sind Intuition, Fantasie und ein Gefühl für die Strömungen der Zeit erforderlich. Was alles nicht sehr nach Wissenschaft klingt.

Wie verläuft Geschichte?
Kosmos gegen Chaos

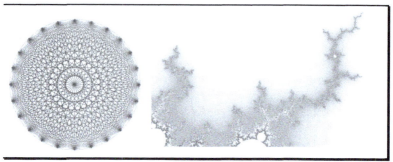

Verläuft die Geschichte geordnet und vorausberechenbar, wie das Vieleck links - oder unerwartet und chaotisch, wie das Fraktal rechts?

Es gibt zwei grundsätzliche, extreme Auffassungen darüber, was Geschichte ausmacht, wie sie verläuft, welches ihre wahren Ursachen sind.

Auf der einen Seite (eher rechts von der Mitte) stehen Männer wie HEINRICH VON TREITSCHKE (1834-1896). Er war der Meinung: *Männer machen Geschichte*. Keine Frauen, auch keine Juden, sondern eben echte (germanische) Männer. Frauen hatten in der wirklichen Welt, also der Welt der Männer, nichts zu suchen: „Die deutschen Universitäten sind seit einem halben Jahrtausend für Männer bestimmt, und ich will nicht dazu helfen sie zu zerstören." Juden erst recht nicht: Sein Essay „Die Juden sind unser Unglück" wurde zum Lieblingszitat der Nazis, zusammen mit seiner Vorstellung vom "gesunden Volksempfinden" der Germanen.

In einer solchen Welt ist kein Platz für Entwicklungen, Gesetze, Vorausschau oder gar Verständnis, schon gar nicht für kontrafaktische Überlegungen. Große Männer machen Geschichte; wann sie auftauchen, was sie tun, was sie bewegt - wer weiß das schon. Es genügt, dass wir diese Menschen im Nachhinein kennen - Alexander von

Makedonien, Cäsar aus Rom, Karl der große Franke, Kaiser Napoleon, der Führer (den die Vorsehung ja für Großes vorgesehen hatte). Geschichte bleibt eine Sammlung heroischer Geschichten ohne inneren Zusammenhang, dem Zufall ergeben, dem Verständnis entzogen.

Sehr schön ausgedrückt hat diese Idee der Science-Fiction-Autor WARD MOORE (1903-1978) in seinem Alternativweltenroman "Der große Süden" ("Bring the Jubilee", 1953):

Das Buch des Lebens ist ein Wirrwarr durcheinandergefallener Sätze, eine Geschichte, die ein Idiot stammelt, voller Lärm und Wut, aber ohne Bedeutung. Es gibt keinen Plan, keine Synopse, die mit frommen Hoffnungen und scheinheiligen Handlungen erfüllt werden könnte. Es gibt nichts als eine ungeheure Leere im Universum.

Zurück zu den Wissenschaftlern. Treitschkes Entsprechung in der Biologie heißt CHARLES DARWIN (1809-1882). Im Gegensatz zur landläufigen Meinung hat Darwin die Idee der Evolution allen Lebens keineswegs erfunden, nicht einmal publik gemacht. Die war schon lange bekannt und anerkannt. Der Geologe ROBERT CHAMBERS (1802-1871) hatte sie in seinem ungeheuer erfolgreichen Buch "Vestiges of the Natural History of Creation" ("Spuren der Naturgeschichte der Schöpfung") 1844 bekannt gemacht. Darwin fügte in seinem 1859 erschienenen Werk "Über den Ursprung der Arten durch natürliche Auslese, oder die Bewahrung begünstigter Rassen im Kampf ums Überleben" nur die Idee des Ökonomen THOMAS MALTHUS hinzu: Die Erde wird bald ihre Bewohner nicht mehr ernähren können, weil sich die Armen zu sehr vermehren, was verhindert werden sollte, indem man sie systematisch verhungern lässt. Das braucht der Mensch aber nicht zu tun, das macht Natur selbst mit ihrer natürlichen Auslese und ihrem Kampf ums Dasein. Dazu schaffte Darwin Gott ab sowie eine Entwicklung zu Höherem, und anstelle des liebevollen Zusammenwirkens aller Lebensformen bei Chambers propagierte er den Kampf ums Überleben, in dem nur die "Fittesten" überleben, also diejenigen, die ihre rassischen Muskeln in einem biologischen Fitnessstudio gestählt haben. Dass er von Frauen ähnlich dachte wie Treitschke überrascht dann nicht mehr wirklich: *"Auf Grund der*

Vererbungsgesetze erscheint es mir sehr schwierig, dass Frauen jemals das geistige Niveau der Männer erlangen." (1881)

Auf der anderen Seite (eher links von der Mitte, aber nicht nur) finden wir Männer wie GEORG WILHELM FRIEDRICH HEGEL (1770-1831, "These, Antithese, Synthese", oder "Idee - Natur - Geist") und seinen geistigen Schüler KARL MARX (1818-1883, "Historischer Materialismus"), aber auch OSWALD SPENGLER (1880-1936, "Der Untergang des Abendlands") und seinen geistigen Schüler ARNOLD TOYNBEE (1889-1975, "Der Gang der Weltgeschichte"). Für sie war Geschichte ein Entwicklungsprozess "nach oben", der unweigerlich zu einem bestimmten Ziel führte:

- bei Hegel zur Manifestation des Weltgeists mit dem Ziel der Freiheit von Geist und Menschheit,

- bei Marx zur Auflösung der Klassen und zur Herrschaft des Proletariats durch die gesetzmäßig bestimmte Entwicklung der menschlichen Gesellschaft auf Grund wirtschaftlicher Faktoren,

- bei Spengler zur Entwicklung und zuletzt zum Untergang aller Kulturen auf Grund innerer (biologischer) Wachstumsgesetze,

- bei Toynbee zu einem Weltstaat, einen Wunsch, den er mit seinem Landsmann H. G. Wells ("Umriss der Geschichte", ab 1920) teilte.

Spengler, Lehrer für Mathematik und Physik, erklärt den Unterschied zwischen ewigen Gesetzen und aktuellen Manifestationen so:

*Die Geschichte trägt das Merkmal des **Einmalig-tatsächlichen**, die Natur das des **Ständig-möglichen**. Solange ich das Bild der Umwelt daraufhin beobachte, nach welchen Gesetzen es sich verwirklichen **muss**, ohne Rücksicht darauf, ob es geschieht oder nur geschehe könnte, zeitlos also, bin ich Naturforscher, treibe ich eine echte Wissenschaft. Es macht für die Notwendigkeit eines Naturgesetzes - und andere Gesetze gibt es nicht - nicht das geringste aus, ob es unendlich oft oder nie in Erscheinung tritt, d.h., es ist **vom Schicksal unabhängig**. Tausende von chemischen Verbindungen kommen nie vor und werden nie hergestellt werden, aber sie sind als möglich bewiesen und also sind sie da.*

Den Blick in die Zukunft fordert Spengler ausdrücklich:

Geschichte aber ist gegenwärtiges Geschehen mit dem Zug in die Zukunft und einem Blick auf die Vergangenheit.

Aber welche Bedeutung haben dann die Einzelpersonen, von denen die Geschichtsbücher so eloquent berichten? Der französische Historiker FERNAND BRAUDEL (1902-1985) hat in seinen Werken die Geschichte mit einem Meer verglichen und dabei drei Schichten der Entwicklung aufgestellt:

Die unterste Schicht des historischen Meeres wird gebildet von einer langsam fließenden Geschichte, in der Veränderungen kaum wahrnehmbar sind, hauptsächlich bestimmt durch Geografie und Klima.

Die zweite Schicht weist langsame Rhythmen auf; sie entspricht den Beziehungen zwischen Herren und Bauern, zwischen den Städten und den Landgütern.

Ganz an der Oberfläche, sozusagen in Wellengekräusel und Schaumkronen, finden wir die Geschichte der Ereignisse. Sie orientiert sich an der traditionellen Geschichtsschreibung mit ihrer Betonung der politischen und militärischen Ereignisse, wobei Braudel immer wieder die Bedeutung individueller menschlicher Handlungen relativiert. Personen haben nicht viel zu bedeuten, denn die menschlichen Ereignisse erscheinen wie bloße Wellen auf der Oberfläche des Stroms der Geschichte, ohne deren tieferen Grund zu berühren.

Fassen wir diese Gegensätze so zusammen:

Geschichte	Einzelpersonen	Trends
Biologie	Zufall	Notwendigkeit
Mathematik	Chaos	Kosmos
Philosophie	Kausalität (Karma)	Teleologie (Endzeit)
Physik	Diff.-Gleichung	Fermatsches Prinzip
Technik	Magie	Wissenschaft
Science-Fiction	Fantasy	Psychohistorik
Mensch	Individuum	Masse

Physik	Quantenphysik	Blockuniversum
Geschichte	Treitschke	Hegel / Spengler
Literatur	Hale, Bradbury, Moore	Asimov, Leiber, Blish

Dazu ein paar Erläuterungen:

Die diversen Auffassungen bezüglich des Ablaufs der **Geschichte** haben wir schon besprochen. Nochmal der Unterschied: Entweder die Welt hängt ab von den Handlungen *einzelner*, oder die *Masse* bestimmt, wo's langgeht, indem sie Trends erschafft, aufnimmt, verstärkt oder beseitigt.

In **Philosophie** und **Religion** gibt es zwei gegensätzliche Meinungen: Entweder alles ist von dem bestimmt, was hier und jetzt geschieht. Das bedeutet auch: Jede meiner Handlungen hat Auswirkungen bis in die ferne Zukunft, eine Auffassung, die dem Konzept des "*Karma*" zugrunde liegt. Dabei beeinflussen meine Handlungen sogar mein nächstes Leben, während sie im Christentum bestimmen, wo ich den Rest der Ewigkeit verbringen werde. Viel schärfer drücken die schrittweise Kausalität griechische Mythen aus: Was immer du tust, die Götter reagieren sofort darauf, meist negativ. Ödipus handelte blind, die Folgen waren schrecklich, er blendete sich zuletzt selbst.

Andrerseits gibt es die teleologische Auffassung einer "prästabilierte Harmonie" (Leibniz), eines *Endziels* der Heilsgeschichte, wie sie vor allem das Christentum vertritt: Die Zeit, also die Entwicklung der Welt, geht irgendwann zu Ende. Im Christentum folgt darauf die Auferstehung des Fleisches, in der wissenschaftlichen Kosmologie der Kältetod.

Die **Mathematik**, die strengste aller Geistesdisziplinen, halb Wissenschaft, halb Kunst, hat das "deterministische Chaos" entdeckt. Selbst wenn wir alles genau zu wissen meinen, selbst wenn die Regeln so streng wie irgendmöglich sind - es gibt immer Prozesse, deren Zukunft wir nicht voraussagen können. Sonst müssten wir nämlich die "Anfangsbedingungen" mit unendlicher Genauigkeit kennen, was unmöglich ist. Also herrscht in manchen Bereichen geordnetes (vorausberechenbares) Chaos, was sich auch rein bildlich in der Struktur des berühmten "Apfelmännchen" ausdrückt.

Auch die **Physik** kennt den Gegensatz individuell/ unberechenbar gegen gesetzmäßig/vorherbestimmt. In der *Quantenphysik* herrscht der Zufall; wir wissen nicht, welcher Zustand sich im nächsten Augenblick manifestiert, auch wenn wir dessen Wahrscheinlichkeit berechnen können. Prognosen sind nur statistisch möglich, Retrognosen, also die Rekonstruktion der Vergangenheit, praktisch gar nicht. Ganz anders in der klassischen Mechanik, insbesonders im "*Blockuniversum*" von Einstein (Physiker) und Minkowski (Mathematiker): Hier wird die Zeit auf eine bloße Raumdimension reduziert. Alles ist vorherbestimmt, der Blick reicht ungestört ins Unendliche, in beide Richtungen.

Auch die von Physikern verwendete Mathematik drückt diesen Gegensatz aus. Physiker rechnen einerseits mit *Differentialgleichungen*, wo sich die Wirklichkeit sozusagen von Augenblick zu Augenblick in die Zukunft hangelt. Andrerseits kennen sie Prinzipien, die vom Ende - sozusagen vom Ziel eines Prozesses - ausgehen und daraufhin den Weg dorthin berechnen, meist mit Hilfe der *Integralrechnung*. Zum Beispiel mit dem Fermatschen Prinzip: Der Weg des Lichts durch diverse Medien verläuft so, dass die Gesamtzeit am kürzesten ist.

Die **Technik**, also die Manipulation der Umgebung, geschah früher durch *Magie*, was bedeutet: Man ruft irgendeine Gottheit an, bittet um deren Hilfe zum Erreichen eines gewünschten Ziels, und hofft, dass die dann auch kommt. Dagegen stützt sich die Anwendung der *Wissenschaft* auf Naturgesetze, deren Anwendung üblicherweise immer zum berechneten Ziel führt.

Die **Biologie** ist so eine Art "Geschichte light": Neben langfristigen, mehr oder minder vorausberechenbaren Entwicklungen gibt es punktuell Mutation und äußere Ereignisse, die den vorbestimmten Ablauf völlig durchbrechen können.

Die **Literatur**, die wir hier "fantastisch-utopisch" nennen wollen, ähnelt dem, was wir unter "Technik" gesagt haben. Sie schafft Welten, in denen alles möglich ist, nichts vorhergesagt werden kann, wo offenbar auch keine Gesetze herrschen: die *Fantasy*. Dagegen postuliert die "ernsthafte" Literatur in diesem Bereich eine Ausgangssituation, aus der logisch, wissenschaftlich begründbar, und konsequent die Handlung folgt - die "harte" *Science-Fiction*.

Angenommen, die Auffassung, Geschichte ist vorherbestimmt, trifft zu. Wie kann dann ebendiese Geschichte vorausberechnet werden? Dazu mehr im nächsten Kapitel!

Wie kann man Geschichte vorausberechnen?
Vier Vorschläge

(1) Der Gymnasiallehrer: Oswald Spengler

Um sich alternative Geschichtsentwürfe ausdenken zu können, muss man die Geschichte in irgendeiner Weise (nicht unbedingt numerisch) vorausberechnen können. Das aber gelingt nur mit Hilfe einer *Methode*. Einer der ersten, der sich eine solche Methode ausdachte, war OSWALD SPENGLER (1880-1936). Für ihn repräsentierte jede Kultur ein Lebewesen, vergleichbar einem Baum, mit Entstehung, Jugend, Reife, Alter, Tod. Weil bei ihm alle Kulturen auf die gleiche Weise altern - wenn auch mit unterschiedlicher Geschwindigkeit - sind Vergleiche von beispielsweise unserer Kultur mit vergangenen Kulturen möglich. Also stellte Spengler das römische Reich dem Abendland gegenüber (richtig als Tabelle) und definierte als erstes die Spätphase einer jeden Kultur:

Cäsarismus nenne ich die Regierungsart, welche in ihrem inneren Wesen gänzlich formlos ist. Alle Institutionen sind von nun an ohne Sinn und Gewicht. Bedeutung hat nur die ganz persönliche Gewalt, welche der Cäsar durch seine Fähigkeiten ausübt. Es ist die Heimkehr aus einer formvollendeten Welt in Primitive, ins Kosmisch-Geschichtslose.

Sollten wir statt "kosmisch" vielleicht "komisch" sagen? Irgendwie beschreibt Spengler damit ziemlich genau die Populisten unserer Tage. Mehr noch: Er berechnet die Zeit, in der diese Phase das Abendland überschwemmen wird. Sein Ergebnis: 2000-2020! So definiert er diese Zeit als

... von zunehmend primitivem Charakter der politischen Formen. Innerer Zerfall der Nationen in eine formlose Bevölkerung. Deren Zusammenfassung in ein Imperium von allmählich wieder primitiv-despotischem Charakter. ... Das Reich der Bücher versinkt in Vergessenheit. Von nun an werden Heldenschicksale im Stil der Vorzeit wieder möglich.

Er sieht auch voraus, wie die Bürger die so mühsam errungenen Freiheiten und Vorzüge einer Demokratie ohne äußeren Zwang aufgeben:

Aufgabe der Demokratie war es, Rechte zu erkämpfen. Jetzt sind diese Rechte erobert, aber die Enkel sind selbst durch Strafen nicht mehr zu bewegen, von ihr Gebrauch zu machen. Schon zur Zeit Cäsars beteiligte sich die anständige Bevölkerung kaum noch an Wahlen. Nero konnte auch durch Drohungen die Ritter nicht mehr zwingen, zur Ausübung ihrer Rechte nach Rom zu kommen. Das ist das Ende der großen Politik, die einst ein Ersatz des Krieges durch geistigere Mittel gewesen war und nun dem Kriege in seiner ursprünglichsten Gestalt wieder Platz macht.

Auch den Populismus der Internet-Dienste hat er vorausgesehen:

Einst durfte man nicht wagen, frei zu denken; jetzt darf man es, aber man kann es nicht mehr. Man will nur noch denken, was man wollen soll, und eben das empfindet man als seine Freiheit.

Denn: *Je allgemeiner das Wahlrecht, desto geringer wird die Macht einer Wählerschaft.* Und: *Jede Demokratie führt zur Aufhebung von sich selbst.*

Traurige Aussichten.

(2) Der Science-Fiction-Visionär: Isaac Asimov

Der erste, der eine Methode vorschlug (aber nicht ausarbeitete), die Zukunft der Menschheit in galaktischem Rahmen vorauszuberechnen, war der amerikanische Sciencefiction-Autor ISAAC ASIMOV (1920-1992). Ab 1942 entwickelte er zusammen mit John W. Campbell, dem Herausgeber des damals wichtigsten Science-Fiction-Magazins *Astounding*, ein welten- und zeitenumspannende Galaktisches Imperium, mit einem Kaiser in der Hauptstadt Trantor, das vom Verfall gekennzeichnet ist und demnächst in eine 30.000 Jahre währende Barbarei abzurutschen droht.

Asimovs Ideen sind so genial, sie haben zudem so viele Wissenschaftler angeregt, dass ich sie hier ausführlich schildern werde.

Der Mathematiker *Hari Seldon* sieht die Gefahr und stellt sich die Frage: Kann man die Geschichte vorausberechnen, eine wesentliche Voraussetzung dafür, sie auch beeinflussen zu können? Nach mühevoller Suche scheint ihm das gelungen zu sein. Er nennt seine Wissenschaft *Psychohistorik*. Welche Variablen in die zugrunde liegenden Formeln eingehen, sagt Asimov nicht, aber ein eigener Band seiner umfangreichen Romanserie zu dem Thema schildert Seldons Suche nach diesen Parametern.

Da die Entwicklung größerer Ensembles von Individuen - Elementarteilchen, Zellen, Ameisen, Menschen, Sterne, Galaxien - zwar nach bestimmten Gesetzen verläuft, zwischendrin aber immer wieder durch unberechenbare, chaotische Zeitabschnitte aus dem Gleichgewicht gebracht wird, obliegt es dem psychohistorisch rechnenden Mathematiker, diese Zeitpunkte herauszufinden und ihnen sinnvoll gegenzusteuern. Durch seine Berechnungen kommt Seldon zur Überzeugung: Man kann die Zeit der Barbarei auf tausend Jahre verkürzen.

Dabei ist aber ein wichtiges Gesetz zu beachten, das wir aus der Quantenphysik kennen: Ein Beobachter stört die vorausberechnete Entwicklung. Beobachtet der Mensch sich selbst, kennt er gar seine eigene Zukunft, wird er handlungsunfähig, und die ganzen Rechnereien werden sinnlos. Es ist wie beim Tausendfüßler, der, sich seiner komplexen Bewegungen bewusst werdend, nicht mehr kriechen kann. Also darf die Menschheit nicht wissen, was ihr bevorsteht, eine kleine Elite von Wissenschaftlern aber schon. Denn irgendwer muss ja im richtigen Zeitpunkt eingreifen und die Geschicke der Menschheit sanft und unauffällig steuern.

Diese Aufgabe übernimmt eine Stiftung, englisch *Foundation*, daher der Name der Serie. Die Stiftung ist am Rand der Galaxis angesiedelt, auf dem Planeten Terminus, weit ab von den üblichen Handels- und Kommunikationszonen. Sie widmet sich nur der Wissenschaft, entwickelt aber keinerlei Waffen, ist also irgendwelchen Eroberern schutzlos ausgeliefert. Doch die Männer der Stiftung wissen: Es kann ihnen nichts geschehen, die Mathematik schützt sie.

Als dann ein ehrgeiziger General sich daran macht, den Planeten Terminus zu erobern und die Stiftung unter seine militanten Fittiche zu nehmen, parliert er vorher kurz mit den Stiftungsleuten, um ihnen die Kapitulation nahe zu legen. Doch die denken nicht daran. Ihr Argument: Wir haben den besten Schutz gegen alle Waffen der Galaxis, nämlich die *Mathematik*. Hari Seldons Formeln machen uns unbesiegbar, ohne Waffen, scheinbar ohne Macht, ohne Gegenwehr.

Der General hält dies natürlich für Hirngespinste und startet den Angriff. Vergeblich - bevor er richtig vorankommt, ist schon wieder alles zu Ende. Hari Seldon hatte das vorausgesehen. Aber was war geschehen? Zwei Männer der Stiftung, die (überflüssigerweise und natürlich vergeblich) versuchten, in Trantor am Kaiserhof zu intervenieren, schildern die Vorfälle in einem Dialog:

Eine tote Hand schob uns alle weiter, den mächtigen General und den großen Kaiser, meine Welt und Ihre Welt - die tote Hand Hari Seldons. Er wusste, dass ein Mann wie Riose [der Galaktische General] versagen musste, weil sein Erfolg seinen Fall bedeutete, und je größer der Erfolg, desto sicherer der Fall.

Ein schwacher General hätte keine Gefahr für uns dargestellt, ebensowenig ein starker General in der Zeit eines schwachen Kaisers, denn der hätte seine Arme nach einem sehr viel lohnenderen Ziel ausgestreckt. Also kann nur die Kombination von starkem Kaiser und starkem General der Stiftung schaden, denn ein starker Kaiser ist nicht leicht zu entthronen, und ein starker General ist gezwungen, jenseits der Grenzen tätig zu werden. Aber was hält den Kaiser stark? Er ist stark, weil er keine starken Untertanen zulässt. Ein Höfling, der zu reich, ein General, der zu beliebt wird, ist gefährlich.

Riose erzielte Siege, also wurde der Kaiser misstrauisch. Riose hatte eine Bestechung abgelehnt? Sehr verdächtig! Dann gab es also tiefer liegende Motive. Es ging nicht um das, was er tat; jede Handlung wäre gegen ihn ausgelegt worden. Deshalb war das, was wir planten und durchführten, unnötig und überflüssig. Sein Erfolg machte Riose verdächtig. Deshalb wurde er zurückberufen, angeklagt, verurteilt und umgebracht.

Und der Mann von der Stiftung schließt:

Sehen Sie, es lässt sich keine Kombination von Ereignissen vorstellen, die nicht im Sieg der Stiftung resultiert hätte. Er war unvermeidlich, Riose mochte tun, was er wollte, und wir mochten tun, was wir wollten. Ich sagte Riose einmal, die ganze Kraft des Imperiums könne die tote Hand Hari Seldons nicht ablenken. (Isaac Asimov: "Der Galaktische General")

Aber so einfach ist die Sache natürlich nicht, und deswegen installiert Asimov eine zweite Stiftung, welche die Geschicke der ganzen Galaxis im Hintergrund unauffällig in die richtigen Bahnen lenkt. Leider reicht das auch nicht, und so müssen die Männer und Frauen dieser zweiten Stiftung noch besondere Fähigkeiten der telepathischen Manipulation besitzen. Leider reicht das immer noch nicht, und so müssen unsterbliche Roboter ...

(3) Der Formel-Manipulierer: Peter Turchin

$$S_{t+1} = S_t + R_t - \mu_c C_t - \mu_e E_t + gS_t$$

Es geht hier nicht um die Einzelheiten, es geht um Ideen. Und die sind, in Asimovs Darstellung, so gut, dass einige Persönlichkeiten des öffentlichen Lebens sowie der Wissenschaft sie als Beispiel und Vorbild nahmen. So sagte beispielsweise der Wirtschaftswissenschaftler und Nobelpreisträger PAUL KRUGMAN: *„Ich wollte keiner dieser muskelbepackten Helden auf einem Weltraumabenteuer sein. Ich wollte Hari Seldon sein und mein Wissen um die Berechenbarkeit des menschlichen Verhaltens dazu benutzen, unsere Zivilisation zu retten."* Und ein anderer Wissenschaftler, PETER TURCHIN, weniger bekannt, aber nicht minder erfolgreich, ein russischer Emigrant wie Asimov, nahm sich Hari Seldon direkt als Vorbild und entwickelte seine Version der Psychohistorik, die er *Cliodynamik* nannte, nach Clio, der Muse der Geschichte. Turchin hat sich explizit den Asimovschen "eigenbrötlerischen" Mathematiker Seldon zum Vorbild genommen. In einem Interview aus dem Jahr 2020 propagiert er sogar eine Art *Foundation* für Politiker, wenn er meint: *Ich könnte mir eine Asimovsche Agentur vorstellen, die wegweisende Indikatoren berechnet und den Politikern entsprechende Ratschläge gibt.*

Hat Turchin die Seldonschen Formeln entdeckt? Er versucht es. Wie er dabei vorgeht, zeige ich an einem Beispiel, wo Turchin den Zeitpunkt des Untergangs von Saudi-Arabien berechnet.

In dem Artikel "Ibn Khaldun meets Al Saud" aus dem Jahr 2003 (korrigiert 2006) knüpft Turchin an einen arabischen Gelehrten namens ABD-AR-RAHMAN ABU ZAID IBN MUHAMMAD IBN MUHAMMAD IBN KHALDUN (1332- 1406) an. Der hatte langfristige politische Zyklen festgestellt, die etwa so verlaufen: Bauern schließen sich zusammen, bilden einen wehrfähigen Staat, vermehren sich, aber auch ihren Wohlstand, und es geht allen gut. Dann aber wächst die Elite (Beamte, Priester, Adelige) schneller als neue Posten für Staatsdiener geschaffen werden. Sie werden unzufrieden, der Staat zahlt den Eliten noch mehr und beutet dafür die Bauern aus. Es kommt zu Unruhen, die von den Nomadenvölkern am Rande ausgenutzt werden. Sie erobern den Staat, alles beruhigt sich, aber dann fängt der Zyklus von vorne an.

Warum hat sich Turchin für seine mathematische Studie gerade den Wüstenstaat Saudi-Arabien vorgenommen, und warum soll dieser untergehen? Weil die soziale, politische und wirtschaftliche Struktur dieses Staates relativ einfach ist. Wirtschaft: fast nur Öl. Staat: religiöse Monarchie ohne innere Entwicklung. Gesellschaft: eine Menge Drohnen, nämlich die rund 10.000 Mitglieder des Königshauses, die verschwenderisch ihr Dasein genießen, aber zum Wohlstand des Landes nichts beitragen. Der Rest der Gesellschaft lebt allerdings nicht in Armut, ist aber infolge diverser Rahmenbedingungen auch nicht sonderlich aktiv.

Turchin verwendet für seine Berechnungen folgende Variablen:

- das Minimum (an Bezahlung), was die Elite noch akzeptiert (es steigt im Lauf der Zeit, da die Leute immer anspruchsvoller werden);

- das Minimum (an Bezahlung), was die normale Bevölkerung noch akzeptiert (es steigt ebenso);

- Umfang und Wachstumsrate der Eliten;

- Umfang und Wachstumsrate der "Gemeinen" (der gewöhnlichen Bevölkerung);

- die Zahlungsfähigkeit des Staats (sie sinkt in Saudi-Arabien, wenn die Ölpreise fallen oder wenn zu viele Eliten durchgefüttert werden müssen):

Die Formel des Wissenschaftlers ist relativ einfach, aber wir wollen sie uns und den Lesern ersparen. Die Ermittlung der wichtigen Werte ("Parameter") dagegen ist schwierig, zumal das Land keine internen Daten veröffentlicht. Die Grundthese lautet also: Die Bevölkerung spaltet sich in zwei Gruppen, das gemeine Volk und die Elite. Letztere besteht aus der Königsfamilie samt Anhang, schätzungsweise 10.000 bis 20.000 Personen. Die Elite ist einen bestimmten Lebensstandard gewohnt, das Volk aber auch. Sinkt der Standard, beispielsweise durch zu geringe Einnahmen, dann gibt es Ärger. In Saudi-Arabien führte die Kürzung von Subventionen (z.b. für den Brotpreis) zu Aufständen, während die Gehälter der Elite ohnedies tabu sind. Denn ihre Angehörigen haben Macht, sie zu verärgern wäre gefährlich.

Saudi-Arabien ist ein einfach zu berechnendes Land. Die Einnahmen stützen sich fast ausschließlich auf Öl. Es gibt keinen Privatsektor, finanzielle Einbußen können also nicht durch wirtschaftliche oder technische Innovationen aufgefangen werden. Bevölkerungsentwicklung und Erwartungshaltung sind relativ leicht zu berechnen und zu extrapolieren. Die Bevölkerung steigt rasant, die Wirtschaft nicht. Also kommt irgendwann der Punkt, wo die Bedürfnisse der Bevölkerung - und insbesondere der Elite - nicht mehr befriedigt werden können. Der Zeitpunkt des Niedergangs liegt nach Turchins Berechnungen von 2003 zwischen 2014 und 2020. Da hat er sich wohl geirrt. Drei Jahre später dehnte er den Zeitpunkt auf 2020 bis 2027 aus, aber das wird möglicherweise auch falsch sein. Was wir alle hoffen, denn trotz der Missachtung der Menschenrechte in dem Wüstenstaat wäre sein Zusammenbruch für die ganze Region und auch für uns fatal.

Aber wieso irrte sich Turchin? Er lässt vieles unberücksichtigt, z.B.:

- einen Einfluss von außen. Sollte es den geben, dann könnte dieser den Staatsbankrott beschleunigen. Scheint aber sehr unwahrscheinlich.

- Bevölkerungspolitische Maßnahmen wie in China. Die sind auf Grund des Islam nicht möglich. Und selbst wenn, würden sie sich erst in dreißig Jahren bemerkbar machen.

- einen geordneten Übergang zur Demokratie. Da ist Turchin pessimistisch. Er glaubt: Die Elite bleibt im Amt, solange es geht, rafft zusammen, was möglich ist, und setzt sich dann ungeschoren in irgendein warmes Land ab. Mit 1½ Tonnen Gold, 70 Milliarden Dollar, oder was auch immer da ist, lässt sich's gut leben.

Im letzten Punkt scheint Turchin etwas nicht berücksichtigt zu haben: Die Elite kann durch einen eigenwilligen, absolutistischen, rücksichtslosen Herrscher auch eliminiert werden, sodass einer der Einflussfaktoren einfach ausgeschaltet wird. Das hat der neue Herr über Glauben, Sand und Öl auch versucht. Womit wieder einmal gezeigt ist: Das Verhalten einzelner, die viel Macht besitzen (oder sich aneignen), ist nicht voraussehbar. An kritischen Punkten kann ein einzelner wirklich viel bewirken, Gutes wie Schlechtes. Mit solchen kritischen Punkten beschäftigt sich die mathematische *Katastrophentheorie*, aber deren Anwendung auf das Verhalten der Menschen steht noch aus.

Immerhin hat Turchin etwas anderes herausgefunden: In der Geschichte der USA gibt es einen Gewalt-Zyklus von 50 Jahren. Immer zum [Jahrhundert]20 und zum [Jahrhundert]70 eskaliert die Gewalt: Pogrome gegen Schwarze, Asiaten, Ureinwohner, Aufstände, Rassenunruhen, bürgerkriegsähnliche Zustände. Man denke an die 1960iger Jahre mit ihren Attentaten und Bürgerrechtsbewegungen; und an die 2020iger Jahre, in denen wir gerade über die unversöhnlichen Teile der amerikanischen Bevölkerung staunen. Turchin kennt auch den Grund: Es gibt zu viele Eliten (z.B. Rechtsanwälte), also zu viele "Gstudierte", deren Erwartungen wegen Mangel an entsprechenden Arbeitsplätzen nicht erfüllt werden können.

(4) Der Vereinfacher: Wilhelm Fucks

Vielleicht kann man den Versuch, Geschichte vorauszuberechnen, auch ganz einfach machen, so wie es WILHELM FUCKS mit seinen "Formeln zur Macht" 1965 probierte. Dort nimmt der gelernte Kernphysiker nur drei Variablen, mit denen er Erstaunliches voraussagt: Stahl, Energie und Bevölkerung. Die Entwicklung der Bevölkerung, der Stahl- und Energieproduktion extrapoliert er für verschiedene Länder, und kommt dabei zu dem für die damalige Zeit überraschenden Ergebnis: China wird bald alle überflügeln. Allerdings: Erstens stimmt das nicht (die USA sind immer noch Nr. 1 in jeder Hinsicht und werden es für lange Zeit auch bleiben), und zweitens erkennt Fucks einen weiteren Mangel seiner eigenen Formeln: Der berechnete Machtzuwachs von Indien (hauptsächlich infolge der Bevölkerungszunahme) stimmt in keiner Weise mit der Wirklichkeit überein. Da fehlt es, wie er feststellt, an einer Organisierung der Gesellschaft - was bei den Chinesen im Überfluss vorhanden ist.

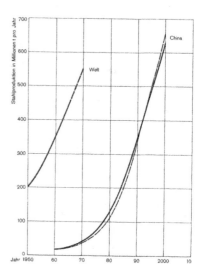

... und zuletzt das simple Gesetz: Demokratie contra Diktatur

Zum Schluss wenigstens *ein* Gesetz, das doch immer zu stimmen scheint, dessen Quelle ich nicht mehr kenne: Wenn in einem Krieg zwischen annähernd gleichberechtigten Kampfeinheiten die einen aus einer Diktatur/absoluten Monarchie, die anderen aus einer Demokratie/Republik kommen, dann gewinnen die Demokraten die Schlacht, meist auch den Krieg. Beispiele:

- Alexander aus Makedonien (Demokratie) gegen das persische Reich (absolute Monarchie). Alexander gewann fast alle Schlachten.

- Die Griechen (Demokratie) gegen das persische Reich (absolute Monarchie). Die Griechen vertrieben die Perser.

- Die Römer (Republik) gegen Hannibal (absolute Monarchie): Die Römer verloren fast alle Schlachten, gewannen aber den Krieg.

Usw. Warum das so ist? Wer weiß. Erklärungen gibt es viele, Beweise keinen.

Wenn aber zwei Diktaturen aufeinander prallen, was dann? Auch dazu gibt es ein erstaunliches Beispiel: Hitler gegen Stalin. Beide waren absolute Diktatoren, beide Regimes konnten auf bedingungslos gehorsame Untertanen vertrauen. Beide waren ungefähr gleichmächtig, beide skrupellos genug, Hunderttausende Soldaten zu opfern, der eine für den Endsieg, der andere für den Erhalt des Staates. Als sie dann sozusagen Mann gegen Mann einander gegenüberstanden - vor Moskau - da geschah etwas Unerwartetes: Stalin gab kurzzeitig, für die Dauer des Restkriegs, seine Macht an die Generäle ab. Er wusste, akzeptierte, handelte: Ich verstehe nichts von Kriegsführung, andere können das besser. Er mischte sich nicht ein, trat gewissermaßen zurück, wurde vom Allesbeherrscher zum Präsidenten, der das Volk, seinen Widerstandswillen, seine Stärke repräsentierte. So gewann er den Krieg.

Welchen Einfluss haben Handlungen?
Trends gegen Helden

Kann ein einzelner "großer Mann" die Weltgeschichte entscheidend beeinflussen, oder ist es nicht viel mehr die namenlose Masse, die Geschichte vorantreibt?

Vollziehen wir jetzt den Übergang von "fact" zu "fiction", wobei wir ohnedies kaum einen Unterschied machen. Wenden wir uns also der literarischen Gestaltung der Ideen zu, die wir im Kapitel "Wie verläuft Geschichte" vorgestellt haben.

Die eine Extremform lautet: Nichts kann geändert werden, Geschichte verläuft unerbittlich so, wie es irgendeine Macht vorgesehen hat (die Moiren der Griechen, die Parzen der Römer, die Nornen der Germanen, der Gott der Juden, Christen und Muslime). Der Science-Fiction-Autor FRITZ LEIBER (1910-1992) hat in seinen Erzählungen "Die große Zeit" (1958) eine Art Trägheitsgesetz der Geschichte aufgestellt. In seiner Erzählung "Try and Change the Past" macht er sich darüber wieder lustig, indem sogar ein zerplatzender Himmelskörper kommen muss, um den Unfalltod des Protagonisten doch noch zu erzwingen: Ein Teilstück fällt ihm auf den Kopf, er stirbt, obwohl er genau das verhindern wollte. Ein ähnliches Gesetz stammt von ARTHUR C. CLARKE (1917 - 2008): *Andere Autoren haben die Auffassung vertreten, die* **Trägheit** *der Geschichte sei so gewaltig groß, dass selbst die Änderung einzelner Ereignisse keinen Unterschied ergeben könne. Man würde vielleicht Lincoln vor der Kugel des Herrn Booth retten, nur um zu erleben, dass schon ein anderer Attentäter mit einer Bombe im Foyer auf ihn wartete - und so weiter ...*

Besonders eindringlich hat die Unveränderbarkeit geschichtlicher Abfolgen der russische Schriftsteller WLADIMIR TENDRJAKOW (1923-1984) in seinem Roman "Anschlag auf Visionen" (publiziert 1987) veranschaulicht. Eine Gruppe von Wissenschaftlern programmiert die Geschichte in einem "Elektronengehirn" und will herausfinden, was geschehen wäre, hätte Christus keine Zeit gehabt, seine Lehre zu verbreiten, oder wäre Paulus nicht dazu imstande gewesen. Das Ergebnis, in Tendrjakows Worten:

Der von dem Verbot befreite Computer brachte Christus hervor. Er wusste nichts von seiner früheren Existenz, sämtliche Spuren von dem Begründer des Christentums waren aus dem Maschinengedächtnis gelöscht, es existierte nur eine unvollständige Gruppe von zahlreichen Symbolen, die einzelne Züge menschlicher Charaktere bezeichneten. Und dass aus diesen Teilchen die Gestalt Christi entstand, das konnte kein Zufall mehr sein! ... Jesus, den wir getötet hatten, war auferstanden, die phantastischste aller Legenden der Evangelien wurde von der nüchternen Maschine wiederholt. Nein, nicht wiederholt - die Maschine wusste ja gar nichts von dieser Legende -, sondern neu geschaffen.

Damit die Geschichte auch wirklich bleibt, wie sie ist, haben sich einige Autoren eine Art *Zeitpolizei* einfallen lassen, z.B.:

Poul Anderson (Hüter der Zeiten)
Jack Williamson (Die Zeitlegion)

Isaac Asimov (An der Schwelle zur Ewigkeit)
Robert Silverberg (Zeitpatrouille)
Fritz Leiber (Eine große Zeit)
Carl Amery (Das Königsprojekt)
H. Beam Piper (Paratime)
John Brunner (Society of Time)
Travelers – Die Reisenden (Fernsehserie)
Timeless (Fernsehserie)

Und nun das Gegenteil zum unabänderlichen Ablauf historischer Ereignisse: Nur weil ein Hund am Bellen gehindert wurde, ging die Menschheit zugrunde! EDWARD EVERETT HALE (1822-1909) hat sich in seiner kuriosen Erzählung "Hands off" aus dem Jahr 1881 den ultimativen Fall einer kleinen Ursache mit größtmöglicher Wirkung - den berühmten "Schmetterlingseffekt" - ausgedacht. Hale war Priester und Moralist; er kämpfte gegen Sklaverei und für die bessere Behandlung eingewanderter Iren. In seiner Alternativwelt-Erzählung geht er vom biblischen Bericht über die Gefangennahme der Juden durch die Ägypter aus. Dabei gerät Josef in ägyptische Gefangenschaft, wo er sich durch seine Fähigkeit zur Traumdeutung auszeichnet. Der Pharao hat zwei bedeutsame Träume, die ihm keiner der berufsmäßigen Traumdeuter erklären kann, der jüdische Gefangene aber schon: Ägypten steht nach einigen guten Ernten eine Hungersnot bevor, und Josef gibt praktischen Rat, wie man sich darauf vorbereiten soll. Der Pharao beauftragt Joseph mit der Umsetzung seiner Ratschläge, sehr erfolgreich.

Was aber würde geschehen, so fragt sich Hale, wenn Josef seiner Gefangenschaft entkäme? Das geschieht dadurch, dass Josef flieht und die Wachhunde am Bellen gehindert werden. Josef kann heimkehren, der Pharao hat keinen Berater, die Hungersnot trifft Ägypten unvorbereitet. Das Land wird von Barbaren verwüstet, hauptsächlich von Nachkommen der Phönizier: von Kanaanitern (die ursprünglichen Bewohner Palästinas) und von Karthagern. Über die Kanaaniter ist wenig bekannt. Die Karthager hatten ein paar eher unerfreuliche Eigenheiten, aber das gilt für alle antiken Völker. So opferten sie zu Hause

Kinder, die sie ins Feuer schmissen; und erfolglose Generäle wurden gekreuzigt.

Nach Hale übernehmen also diese unmoralischen Völker die Herrschaft. Weil sie aber nicht nur unmoralisch, sondern auch unvernünftig waren, bekriegten sie einander so lange, bis sie sich gegenseitig ausgerottet hatten. Da vorher schon die anderen Völker daran glauben mussten, stirbt die Menschheit aus in Elend und Verkommenheit ...

Weit hergeholt? Leider nicht. Im 20. Jahrhundert gab es mehrere Fälle, da einzelne Personen den Ausschlag gaben, ob wir weiter leben können oder in einem Atomkrieg zugrunde gehen - nicht nur wir, vielleicht sogar die ganze Erde. Es waren die Offiziere, U-Boot-Besatzungsmitglieder, Bomberpiloten, die den Befehl, den "roten Knopf" zu drücken, verweigerten und damit den Dritten (und vorerst letzten) Weltkrieg verhinderten. Beispielsweise der sowjetische Marine-Offizier WASSILI ALEXANDROWITSCH ARCHIPOW (1926-1998). In der Kubakrise (Oktober 1962) verweigerte er als einziger von den drei zuständigen Entscheidungsträgern die Zustimmung zum Abschuss eines Atomtorpedos. Dadurch verhinderte er wahrscheinlich einen Dritten Weltkrieg.

Oder der frühere Oberst der sowjetischen Armee, Stanislaw Petrow (1983): Als ein Alarm einging, dass fünf amerikanische nukleare Fernlenkgeschosse gegen Russland abgefeuert wurden, folgte er seiner Intuition und meldete diesen Angriff *nicht*. Er hoffte, es sei ein Computerfehler. Nach langen Minuten des Wartens ergab sich: Es war tatsächlich ein Fehlalarm. Doch was wäre passiert, wenn Russland reagiert hätte? Auch hier gilt: Wenn die Russen Amerika wegen eines Fehlalarms bombardiert hätten, wäre dies vielleicht das Ende der Welt gewesen.

Einzelne haben doch viel Macht, sogar dann, wenn sie etwas *nicht* tun.

Die Spielregeln

Nachdem sich nun auch ernsthafte Historiker mit alternativen ("kontrafaktischen") Geschichtsverläufen beschäftigen (und sich oft vor ihren Kollegen rechtfertigen müssen), haben diese ein paar Regeln aufgestellt, zur Eindämmung der Fantasie, zur Unterscheidung von den Sciencefiction-Autoren. Die wichtigsten sind:

(1) Das kontrafaktische Ereignis muss wahrscheinlich sein.

Beispiele: Die Perser erobern Griechenland - sogar wahrscheinlicher als die Wirklichkeit, wo sie bei Marathon, bei Salamis und bei Platää besiegt wurden. Oder die spanische Armada 1588 vor England: Dass die Engländer siegten, grenzt an ein Wunder. Schließlich die Verurteilung Jesu' durch Pilatus: Er schwankte; Jesus hätte genausogut freigesprochen werden können, mit ungeahnten Folgen.

(2) Die Folgen eines kontrafaktischen Ereignisses müssen sorgfältig bedacht werden; auch sie müssen Regel (1) genügen.

Beispiel: In dem Science-Fiction-Roman "Pavane" von Keith Roberts siegen die Spanier 1588 über die Engländer, was, wie gesagt, mehr als wahrscheinlich ist. Die Folgen in dem Roman sind es weniger: Ganz Europa wird re-katholisiert, die Inquisition überall eingeführt, doch die Wissenschaft schreitet trotzdem voran. Damit werden wir uns noch beschäftigen.

(3) Die Charaktere der handelnden Personen, sofern sie noch eine Rolle spielen, dürfen nicht geändert werden.

Gegenbeispiele: Wenn Ludwig XVI mehr Initiative gezeigt hätte ... hat er aber nicht, denn das entsprach nicht seinem dekadenten Charakter. Oder: Wenn Hitler nett zu den Juden gewesen wäre, wie in dem Roman "Samuel Hitler" von Sissini, dann hätten diese ihm eine Atombombe entwickelt, wonach Hitler die USA besiegt und erobert hätte. Aber Hitlers Hauptziel war nun mal die Vernichtung der Juden. Wenn Hitler ausgewandert uns Science-Fiction-Romane geschrieben hätte ("Der stählerne Traum") ... usw.

Man kann Regel (3) natürlich bewusst durchbrechen und dabei einige interessante oder gar amüsante Science-Fiction-Szenarien aufbauen. Das geschah in dem Sammelband "Alternate Warriors" (New York 1993). Da wird Ghandi Anhänger des Kali-Kultes, also ein "Assassine", Franziskus von Assisi gründet einen kriegerischen Orden ähnlich den Tempelrittern, Marylin Monroe befiehlt einen Bomben-Angriff auf Kuba, Jesus verteilt Schwerter, Jane Austen verübt ein erfolgreiches Attentat auf Napoleon, Martin Luther King erschießt den Präsidenten, und Albert Einstein jagt einen gewissen Schicklgruber und dessen Bande im Stil von Raymond Chandler oder Mickey Spillane, mit Eva Braun als attraktiver Auftraggeberin. Teils wirklich lustig und in der Literatur erlaubt, nicht aber in ernsthaften historischen Szenarien.

Es gibt noch viele andere Regeln, aber diese drei sind die wichtigsten. Also dann, es geht los!

SPEZIELLES

Erde ohne Mond
Die kosmische Kollision fand nicht statt

Im Jahre 4.527.835 vor unserer Zeitrechnung (plus/minus ein paar Millionen Jahre) streifte der marsgroße Planet Theia das, was später mal unsere Erde werden sollte und zu dieser Zeit noch aus weichem Matsch bestand. Kein Wunder, dass die Erde leicht zerbröselte und einen Teil ihrer mühsam gesammelten Gesteine in den leeren Raum abgeben musste. Doch der Verlust war nicht vergebens: Aus den Trümmern formte sich ziemlich

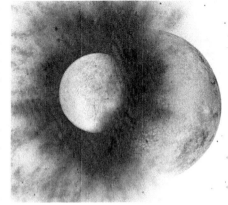

schnell, nach nur 10.000 Jahren, unser Mond. Der war damals viel näher, und die Erde drehte sich auch viel schneller um ihre Achse. Allmählich wirkte die gegenseitige Schwerkraft auf die noch immer recht beweglichen Himmelskörper. Umlauf und Rotation, letztere bei Erde und Mond, wurden abgebremst, der Mond verließ langsam den Einflussbereich tödlicher Gezeitenkräfte, und so entstand das Erde-Mond-System. Gaias Begleiter ist, relativ gesehen, ungewöhnlich groß; nur das System Pluto - Charon kann damit verglichen werden. Aber Pluto wurde inzwischen zu einem Zwergplaneten degradiert, der hat nichts mehr zu melden.

Zurück zu Gaia/Terra/Erde: Was wäre geschehen, hätte Theia eine andere Bahn verfolgt und die Erde vor dieser Kollision verschont? Was also, fragt der Astronom Neil F. Comins in seinem gleichnamigen Buch: "What If the Moon Didn't Exist?". Die Antwort ist reichlich ernüchternd: Vermutlich gäbe es auf der Erde kein Leben, schon gar kein intelligentes.

Ohne Mond hätte die Erde keinen Schwerkraft-Stabilisator. Sie würde dreimal schneller rotieren, dafür gäbe es kaum Gezeiten. Wegen der schnellen Umdrehung gäbe es furchtbare Stürme wie auf dem Jupiter, was den aufrechten Gang eventueller Lebensformen eher erschweren würde. Die Atmosfäre wäre möglicherweise immer noch so wie die des irdischen Schwesterplaneten Erde: viel Kohlendioxid, ein paar Schwefeldämpfe, wenig Stickstoff, kein Sauerstoff.

Wir wissen immer noch nicht, wie und wo das Leben entstand. Auf kahlen heißen Felsen sicher nicht, denn dort wird alles ziemlich schnell durch Trockenheit, Hitze und Strahlung aus dem All zerstört. In einem unermesslichen Ozean auch nicht, denn dort wird alles sofort wieder aufgelöst. Das Leben brauchte vermutlich die flachen Küsten der Ozeane, Schelf genannt. Die aber entstehen durch Gezeitenwirkung, und dafür baucht es einen nahen Himmelskörper.

Mineralien aus den Flüssen würden weniger effektiv ins Meer geschwemmt werden, das Durchmischen der Meere wäre viel langsamer. Ohne Mineralien, vor allem Phosphor, gäbe es keine organischen Energieträger. Die Atmosfäre wäre dichter, Tage und Nächte kürzer.

Möglicherweise wäre die Luft viel seltener durchlässig für das Licht der Sterne. Gäbe es intelligente Wesen, hätten diese Probleme mit der Zeitmessung. Denn dazu braucht man den Mond sowie die Sterne. Ersteren gibt es nicht, letztere sieht man nicht. Wie könnten die Menschen dann ein Bild von sich und der Welt entwickeln?

Philosophisch gesehen bewährt sich hier wieder der Spruch: Was zunächst wie eine Katastrophe aussieht, kann sich nachher als Segen erweisen. Aber vorher weiß man das nicht.

Saurius sapiens
Der Chicxulub-Komet verfehlt die Erde

Im Jahre 65.937.731 vor unsrer Zeitrechnung, plus/minus eine Million Jahre, raste ein Komet direkt auf die Erde zu und schlug dort ein, wo sich heute der Golf von Mexiko von der Halbinsel Yukatán aus erstreckt. Die Mayas nannten diese Gegend Chicxulub (gesprochen *Tschikschulub* = Flohteufel); der Krater (mit freiem Auge unsichtbar) hat einen Durchmesser von 180 km und ist Beweis für den Einschlag. Zu der Zeit gingen offenbar alle Saurier zugrunde, nachdem sie sich auf der durchgehend warmen Erde für 190 Millionen Jahre recht wohl gefühlt hatten und im Verlauf ihrer Evolution zum Teil zu beachtlicher Größe herangewachsen waren.

Was wäre gewesen, hätte es keinen "Impakt" gegeben? Hätten sich die Saurier zu intelligenten Wesen entwickeln können? Man bedenke: Der Mensch hatte für seine Evolution zu etwas Höherstehendem etwa eine Million Jahre Zeit, wobei es erst in den letzten paar Zehntausenden von Jahren so richtig bergauf ging. Bei den Sauriern wären es, vom Zeitpunkt ihres tatsächlichen Aussterbens bis heute, 65 Millionen Jahre. In der Zeit kann eine ganze Menge geschehen.

Der kanadische Paläontologe und Dinosaurier-Spezialist DALE ALAN RUSSELL (1937-2019) hat sich mit dieser Frage beschäftigt. Er spekulierte über ein hypothetisches intelligentes Endprodukt der Dinosaurierevolution (falls, wie wir hier annehmen, diese nicht ausgestorben wären) einem *Dinosauroid*. Vorgänger des intelligenten Reptils wäre am ehesten ein Saurier der Gattung *Troodon* („Wunden reißender Zahn") gewesen. Wikipedia meint zu diesem Reptil:

Einige Wissenschaftler halten Troodon formosus für die am weitesten entwickelte Dinosaurierart und vermuten eine ähnliche Intelligenz wie bei den heutigen Vögeln. Der Dinosaurier besaß ein verhältnismäßig großes Gehirn (0,1 % des Körpergewichts) sowie große Nasenöffnungen, die auf einen ausgeprägten Geruchssinn hindeuten. Die Körperlänge betrug etwa 2,5 bis 3 Meter und das geschätzte Gewicht etwa 35 bis 45 kg. Die Arme hatten drei zum Greifen geeignete Finger, die Beine drei Zehen.

Klingt recht menschlich. Die wichtigsten Voraussetzungen wären da: aufrechter Gang, großes Gehirn, gute Sinnesorgane, Greiffinger, die richtige Größe. Und wenn sie heute so aussähen wie die "Silurianer" in der Dr.-Who-Serie, könnten wir uns gut mit ihnen anfreunden. Ach so - uns gäbe es ja gar nicht ...

Antike ohne Demokratie
Die Perser siegen bei Salamis

Mit der für die Griechen erstaunlicherweise siegriechen Seeschlacht bei Salamis begegnen wir zum ersten Mal einer alternativen Geschichtsschreibung. Der griechische Historiker HERODOT (-490 oder -480 bis -430 oder -420) hat sich ausführlich mit den Perserkriegen, also den Kriegen der Griechen gegen die Perser, beschäftigt und Überlegungen angestellt, was geschehen wäre, hätten die Perser in der letzten entscheidenden Schlacht gesiegt - ein Szenario, das sogar wahrscheinlicher ist als die Wirklichkeit!

Was wissen wir von den Kriegen der Perser gegen die Griechen? Besser gesagt: Was glauben Historiker zu wissen? Das Reich der Perser unter ihrer damaligen Herrscherdynastie, den Achämeniden, hatte sich allmählich nach Griechenland vorgerobbt und erst mal die griechischen Kolonien in Ionien, also in Kleinasien (heute Türkei) einverleibt. Das gefiel den freiheitsdurstigen individualistischen, stets aufsässigen Griechen gar nicht, und so begannen die persischen Herrscher um 500 v.u.Z. (vor unserer Zeitrechnung), die unbotmäßigen Untertanen zurück in den Mutterschoß zu holen. Mit Gewalt, wie damals und heute noch üblich.

Der Weg über den Bosporus (per Land) oder den "Hellespont" (=Dardanellen) per Meer war nicht weit, und so stand das griechische Kernland als nächstes auf der Eroberungsliste. Wobei die Kriege von den Persern offenbar eher als Rachefeldzüge denn als Eroberungen deklariert wurden. Also planten und vollführten die Perser diverse Invasionen nach Griechenland über Land und Meer. Die Griechen wehrten sich, hatten aber das Problem, untereinander stets zerstritten zu sein. Manche Städte frohlockten in klammheimlicher Freude ob der Aussicht, die Nachbarstadt werde nun endlich von den Persern mundtot gemacht, und so erhielten die Eroberer auch von den Griechen reichlich Unterstützung.

Irgendwie gelang es dann doch, zumindest vorübergehend, Athen, Sparta, und all die anderen, eifersüchtig auf ihre Macht bedachten Stadtstaaten, wenigstens zum Anlass diverser Schlachten, zu gemeinsamem Handeln zu bewegen. Nach einer Reihe von Schlachten (bei Marathon (490), am Thermopylenpass und am Kap Artemision (489), bei Salamis (480), bei Plataä (479) und Mykale (479)) waren die Perser frustriert, sogar geschlagen. Sie zogen ab und kamen nie wieder.

Der Ausgang dieser Schlachten war wirklich erstaunlich. Denn die Perser, Untertanen eines Großreichs mit zahlreichen Untertanen, brachten immer fünf- bis zehnmal so viele Soldaten oder Schiffe in die Schlachten ein. Dennoch kam es nie zu einer richtigen Eroberung, trotz großer Verwüstungen durch persische Heere. Die Griechen erwiesen sich als tapfer und demokratisch, die Perser als feige und despotisch.

Bekannt (durch ein Comic und dessen Verfilmung) ist die Schlacht an den Thermopylen, wo 1400 Soldaten, darunter 300 Spartaner, einem Riesenheer trotzte. Sie wurden alle aufgerieben, ihre Heldentaten sind noch heute bekannt ("Wandrer, kommst du nach Sparta ... ") usw.). Die vorletzte Schlacht, die Seeschlacht bei Salamis, wurde von Historikern seit der Antike als Wendepunkt der Weltgeschichte betrachtet. Hier ein paar Aussagen dazu:

Die tapferen Griechen haben das heilige Griechenland gerettet und ihm das Los der Sklaverei erspart. Aischylos (griechischer

Tragödiendichter, war selbst bei den Schlachten von Marathon und Salamis dabei, -525 bis -456)

Hätte Xerxes bei Salamis gewonnen, wäre wir immer noch Barbaren. Voltaire (französischer Schriftsteller und Philosoph, 1694 - 1778)

Das Interesse der Weltgeschichte hatte hier auf der Waagschale gelegen. Es standen gegeneinander der orientalische Despotismus, also eine unter einem Herrn vereinigte Welt, und auf der anderen Seite geteilte und an Umfang und Mitteln geringe Staaten, welche aber von freier Individualität belegt waren. Niemals ist in der Geschichte die Überlegenheit der geistigen Kraft über die Masse, und zwar über eine nicht verächtliche Masse, in solchem Glanz erschienen. Georg Wilhelm Friedrich Hegel (deutscher Philosoph, 1770-1831)

Die Schlacht bei Marathon war für die englische Geschichte wichtiger als die bei Hastings. Hätte jener Tag anders geendet, lebten Briten und Sachsen noch immer in den Wäldern. John Stuart Mill (britischer Philosoph und Wirtschaftswissenschaftler, 1806-1873)

Daher trifft es tatsachlich zu, dass wenige Männer Ende September 480 in den Gewässern vor Athens Küste die Grundlage für einen Großteil dessen schufen, was wir heute im Westen für selbstverständlich halten. Victor Davis Hanson (amerikanischer Historiker der Gegenwart, lehrt an der California State University in Fresno). Hanson fährt fort:

Wir würden heute in einer völlig anderen Tradition leben - Schriftsteller wären vom Tode bedroht, Frauen verschleiert und aus dem öffentlichen Leben verbannt, die Meinungsfreiheit wäre eingeschränkt, die Regierung läge in Händen autokratischer Großfamilien, die Universitäten wären bloße Zentren des religiösen Fanatismus, und die Gedankenpolizei wäre in unseren Wohn- und Schlafzimmern gegenwärtig -, wenn Themistokles [der Anführer der Griechen] und seine Ruderer gescheitert wären.

Auch die Überlegenheit der Perser gegenüber den Griechen ist beeindruckend (und der Sieg der Griechen umso erstaunlicher). Bei der Schlacht am Thermopylenpass soll das persische Heer eine Stärke von

50.000 Mann gehabt haben, das griechische genau ein Zehntel davon, also 5000 (alle Angaben ohne Gewähr). Ähnliches gilt für die jeweiligen Flotten bei der Schlacht vor Salamis (nach Hanson): Die Flotte der Perser war drei- bis viermal größer als ihre eigene. Das persische Landheer war zahlenmäßig noch überlegener, nämlich ungefähr fünf- bis zehnmal größer als die Gesamtzahl der griechischen Hopliten. Persien hatte siebzigmal mehr Menschen mobilisieren können als die griechischsprachigen Staaten, und in den Schatztruhen des Herrschers befanden sich so viele Geldmünzen sowie Gold- und Silberbarren, dass sich die griechischen Tempelschatze daneben kümmerlich ausnahmen.

Trotzdem gewannen die Griechen, und deswegen sind kontrafaktischer Überlegungen hier nicht nur sinnvoll, sondern geradezu angebracht, besonders wegen der wahrscheinlichen Folgen für das gesamte Abendland. Aber - war alles wirklich so? Oder sind wir mal wieder, wie so oft, einem Mythos aufgesessen?

Erst mal zu den Heeren. Gewiss, die Perser waren zahlenmäßig überlegen, aber wie die Soldaten geführt wurden, da kann man nur fragen: Wozu zogen die in den Krieg? Alle großen Feldherren ritten in den Schlachten voran. Alexander aus Makedonien, Cäsar aus Rom, - man fand sie an der Spitze des Heeres. Nicht so bei den Persern. Der Perserkönig saß auf einem Hügel und sah zu. Als ihm die Schlächtereien langweilig wurden, verließ er seinen Hochsitz und begab sich in sein Zelt, wo vermutlich seine Konkubinen auf ihn warteten. Dann setzte er über in seine Heimat und überließ die Soldaten ihrem Schicksal. Nicht gerade ermutigend.

Und wie doof kann ein Herrscher/Heerführer/Stratege sein, der sich von einem griechischen Sklaven überreden lässt, seine Schiffe in die Bucht vor Salamis zu verbringen, wo sie den wendigen Schiffen der Griechen hilflos ausgeliefert waren? Natürlich war der Grieche von Themistokles geschickt worden, aber der Herrscher aus dem Geschlecht der Achämeniden hatte keinerlei Verdacht gehegt. Kein Wunder, dass die Perser diesen Krieg verloren.

Jetzt werden wir endlich kontrafaktisch: Hätten die Perser doch gewonnen und die Griechen ihrer Freiheit und Kultur beraubt, was wäre geschehen? Der Berliner Historiker ALEXANDER DEMANDT hat gleich drei Szenarien vorgestellt, die auf eine Niederlage der Griechen gefolgt wären. Das Haupt-Szenario:

Es wäre denkbar, dass die Perser die Geistesfreiheit ebenso geschont hätten wie zuvor in den Griechenstädten Kleinasiens. Selbst demokratische Stadtverfassungen waren möglich. ... Vielleicht wäre der Neubau des Parthenon durch eine Spende des Großkönigs ermöglicht worden, so wie auch der Tempel von Jerusalem im Jahre 458 mit persischem Gelde wieder errichtet worden ist. Trotz ihrer strukturell andersartigen und bildlosen Religion haben die Perser den griechisch-römischen Götterkult nicht grundsätzlich abgelehnt oder gar bekämpft.

In einem toleranten und entwicklungswilligen Weltreich wie dem Achämenidenstaat vereint, wäre den Griechen all das Bürgerblut erspart geblieben, das sie nach dem Ende der Perserkriege vergossen haben. Die schon vorher am Hofe der Perser starken griechischen Einflüsse hätten sich ungehindert entfalten können, die gegenseitige Durchdringung von griechischer Rationalität und orientalischer Religiosität wäre ohne die Konvulsionen der Alexanderzeit erfolgt, der Hellenismus hätte 150 Jahre früher begonnen.

Demandt schreibt zum Mythos, der sich über die Jahrtausende erhielt:

Die an einen persischen Sieg über die Griechen geknüpften Befürchtungen wurzeln in einem klassizistischen Geschichtsbild, das auf dem Gegensatz zwischen Griechen und Barbaren, Europa und Asien beruht. Dieses Schema ist bei Aischylos fassbar, hat in der attischen Rhetorik eine Zuspitzung erfahren und blieb lebendig. Einer derart eingleisigen Geschichtskonstruktion widerspricht die von allen attischen Einflüssen unberührte politische Freiheit der frühen Römer, Kelten und Germanen.

Was in der Wirklichkeit folgte: Die Griechen zerfleischten sich in einem gigantischen Bürgerkrieg selbst, bis alles zum Erliegen kam, vor allem ihre Kultur. Das hat schon Nietzsche so gesehen, der sich nicht von Mythen blenden ließ:

Die Perserkriege sind das nationale Unglück: Der Erfolg war zu groß, alle schlimmen Triebe brachen heraus. Folgen: Zentralismus, Machtgier und Massenherrschaft.

So wurden sie eine leichte Beute der Römer. Aber die Demokratie! Die Idee der Griechen, das Geschick eines Landes liege in den Händen seiner Bürger! Diese Idee wäre doch im Perserreich total versickert! Oder?

Dazu sei gesagt: Die Idee der direkten Demokratie, wie sie in den griechischen Stadtstaaten praktiziert wurde, hat sich im Abendland *nicht* durchgesetzt. Als sie von der "Piratenpartei" wiederbelebt wurde, zerlegte sich die Partei in Kürze selbst - wie es auch manchen altgriechischen Stadtstaaten geschah. Direkte Abstimmungen mittels Tonscherben funktionieren vielleicht bei maximal 100 Bürgern, nicht aber in einem Staat. Das wussten auch die Römer.

Die schufen eine parlamentarische Republik und zugehörige Gesetze plus Institutionen, mit deren Hilfe Gesetze auch durchgesetzt werden konnten. Zusammen mit den egalitären Auffassungen der germanischen Stämme hat sich daraus unsere bevorzugte Regierungsform herausgebildet. Und das nicht erst in der Neuzeit. Schon die muslimischen Verteidiger Jerusalems anlässlich der Kreuzzüge im Hochmittelalter staunten über ein paar Errungenschaften der "Franken" (so wurden alle Europäer genannt), die ihnen völlig fremd waren:

Die Eroberer versuchten immer, in den von ihnen verwalteten Gebieten eine Art gesetzlich verankerte Sicherheit einzuführen. Es gab Räte und Richter, deren Sprüchen sich selbst Könige beugten - für die an Willkürherrschaft gewöhnten Muslime ebenso unverständlich wie erfreulich. Die Freiheit der Völker des Abendlands ruht auf alten Traditionen, nicht auf genialen Ideen.

Alexus ante portas
Alexander zieht gegen Rom

Gleich zu Beginn: Es fällt mir schwer, dem Welteroberer aus Makedonien das Attribut "der Große" zu zuschreiben. Alexander war ein psychopathischer Schlächter. Wenn er schlecht gelaunt war, erschlug er seinen besten und treuesten Freund. Wenn er gut gelaunt war, ließ er den König von Persien kreuzigen oder pfählen. Wenn er schlecht gelaunt war, zündete er die Hauptstadt Persiens an. Wenn er gut gelaunt war, plante er den nächsten Eroberungszug. Wenn er schlecht gelaunt war, schickte er seine meuternde Armee nach Hause, ohne Verpflegung, durch die Wüste. Usw. Rein psychologisch stand er auf der gleichen Stufe wie Iwan der Schreckliche, und dieser Nachname würde ihm gebühren.

H. G. Wells, Autor einer "Weltgeschichte" (1928), charakterisiert ihn so:

Er baute weder große Straßen, noch stellte er sichere Seewege her. Es ist müßig, ihm vorzuwerfen, dass er das Erziehungswesen vernachlässigt habe, denn der Gedanke, dass große Reiche durch die Erziehung gefestigt werden müssen, war dem menschlichen Denken damals noch fremd. Er umgab sich nicht mit einem Kreis von Staatsmännern, er dachte an keinen Nachfolger, er schuf keine Überlieferung, nichts als eine Legende um seine eigene Person. Daran, dass die Welt auch weiterhin bestehen und sich nach ihm mit etwas anderen als mit der Betrachtung seiner Herrlichkeit beschäftigen werde, scheint er gar nicht gedacht zu haben.

Egal, kommen wir zu seinen Plänen.

Nach einer antiken Überlieferung wurden nach seinem Tod in Babylon Papiere gefunden, aus denen hervorging, dass er beabsichtigte, eine Küstenstraße von Alexandria nach Westen zu bauen, Karthago zu unterwerfen und die Römer zu bezwingen. Aber selbst wenn es dieses Dokument nicht gibt - er wäre sicher weitergezogen, bis nach

Indonesien und Australien, getreu dem Motto: Heute gehört uns Asien, und morgen die ganze Welt. Welche Chancen hätte er gegen Rom gehabt?

Mit dieser Frage hat sich der römische Geschichtsschreiber TITUS LIVIUS (-59 bis 17) auseinandergesetzt. Dabei hob er vor allem auf den Charakter des Welteroberers ab und setzte ihn der der römischen Kriegführung gegenüber:

Um nun zunächst die Anführer zu vergleichen, leugne ich gar nicht, dass Alexander ein ausgezeichneter Feldherr gewesen ist. Aber: *Soll ich die römischen Feldherrn aufzählen, und zwar nicht alle aus allen Zeitaltern, sondern gerade diejenigen, mit denen Alexander hätte Krieg führen müssen, weil sie Konsuln oder Diktatoren waren: ...* Es folgt eine Aufzählung von Namen, die uns nichts mehr sagen, und die (und deren Art der Kriegsführung) Livius so charakterisiert:

Jeder von ihnen hatte dieselbe Anlage an Geist und Mut, wie Alexander; sodann war die militärische Disziplin, die schon seit Gründung der Stadt sich immer fortgepflanzt hatte, zu einer systematischen Wissenschaft mit zusammenhängenden Lehrsätzen ausgebildet worden.

Livius scheut sich nicht, Alexander als das zu bezeichnen, was er war: ein unbeherrschter Säufer:

Wie, wenn die Liebe zum Trunke mit jedem Tage stärker geworden wäre, oder der unbändige Jähzorn -; hätte dies den Feldherrntugenden etwa keinen Abbruch getan?

Und ob! Denn Livius weist auf eine wichtige Tatsache hin: Die Römer hatten viele Feldherrn, Alexander war allein:

Der unbesiegte Alexander wäre um so mehr Gefahr gelaufen, weil die Makedonier nur einen Alexander gehabt hätten, der nicht nur vielen Zufällen ausgesetzt gewesen wäre, sondern sich ihnen sogar bloßgestellt hätte, wogegen viele Römer dem Alexander an Ruhm oder an Größe der Taten gleich gewesen wären, von denen ein jeder für den Staat leben oder sterben mochte.

Die Römer hätten umliegende Völker als Verbündete gehabt, Alexander nicht. *Hinzu kommt, dass die Römer daheim ihre Reihen auffüllen konnten, das Heer Alexanders dagegen abgenommen hätte, wie es später dem Hannibal widerfuhr, als er im fremden Lande Krieg führte.*

Danach erläutert Livius die Kampftechniken der Römer im Vergleich zu denen von Alexander, und auch da fällt sein Urteil eher ungünstig für den eroberungssüchtigen Makedonier aus. Aber mit diesen Details wollen wir uns nicht befassen. Hier nur die schönen Schlussworte des römischen Geschichtsschreibers:

Tausend Heere, drohender als die der Makedonier und Alexanders, hat der Römer zurückgeschlagen und wird er zurückschlagen, wenn nur die Liebe zum Frieden, in dem wir leben, und die Sorge für die Eintracht der Bürger beständig fortdauern.

So kam es leider nicht, doch die Einsicht war da: Eintracht der Bürger und Frieden, zwei Ziele, die sich Livius' Kaiser Augustus auch auf die Fahnen geschrieben hatte, auch wenn es später dann mit der Umsetzung haperte.

Christentum ohne Christus
Weltreligion oder jüdische Sekte?

Glauben wir den biblischen Berichten, zögerte der römische Statthalter Pilatus, den ihm vorgeführten Angeklagten Jesus zum Tode zu verurteilen. Er fand nichts Aufrührerisches an ihm; für den nüchternen Römer war der jüdische Prediger mit so fantastischen Ideen wie Pazifismus und Gleichheit für alle ein typischer religiöser Spinner. Pilatus hätte ihn genauso gut freilassen können. Was wäre dann geschehen? Wie hätte sich das Christentum entwickelt, wäre es überhaupt als weltweite Religionsgemeinschaft entstanden?

Der französische Autor ROGER CAILLOIS (1913-1978) hat in seinem Roman "Pontius Pilatus. Ein Bericht" die Zweifel des römischen Statthalters anschaulich und einfühlsam geschildert. Das Ende sei vorweggenommen: Pilatus begnadigt Jesus, das Christentum setzt sich *nicht* durch. Warum, das werden wir gleich erläutern. Zunächst aber eine andere Frage, die für unsere Überlegungen zwar bedeutungslos ist, aber die Gemüter lange Zeit erregte: Gab es den jüdischen Messias überhaupt?

Jesus als Mensch

Zeitgenossen haben nichts über ihn geschrieben. Paulus, dem ersten Verfasser christlicher Lehren, ist er nur als Vision erschienen, und das war vermutlich ein damals gebräuchlicher Beweis für die Echtheit der Paulusschen Worte. Die verschiedenen christlichen Schriften - die "kanonischen" vier Evangelien sowie die zahlreichen, von der Kirche verbotenen oder verbrannten Traktate - schildern Jesus und seine Lehre als Konglomerat widersprüchlicher Eigenschaften und Vorstellungen. Da ist er einerseits ein mutiger Prediger, der die Juden befreien will, andrerseits ein passiv erscheinender, irgendwie geistesabwesend wirkender Nicht-Verteidiger seiner selbst, der sein Schicksal scheinbar gleichgültig aufnimmt. Oder seine Lehren: Da predigt er: *Wenn dich einer auf die eine Backe schlägt, halte ihm die andere hin.* Dann aber wieder: *Ich bin gekommen, Feuer auf die Erde zu schleudern, und wie wollte ich, es wäre schon entzündet!*

Aus diesen Widersprüchen kann man zweierlei folgern:

(1) Jesus war kein echter Mensch, sondern eine Kombination verschiedener Prediger samt ihren Lehren, denn so viele Widersprüche in *einem* Menschen kann es nicht geben.

(2) Jesus war ein echter Mensch, denn so viele Widersprüche kann und will sich niemand ausdenken. Er ist, nach den Berichten der Evangelien, alles andere als ein Ideal. Doch die Anhänger religiöser Gemeinschaften brauchen Ideale, Vorbilder, Übermenschen. Also war Jesus mit all seinen Widersprüchen ein echter Mensch.

Welche der beiden Deutungen akzeptabler erscheint, überlasse ich der gendergerechten Leseperson. Ich persönlich bin immer misstrauisch, wenn die Schilderung einer Person oder eines Ereignisses gradlinig, logisch, konsequent und verständlich ist. Menschen und der Verlauf der Geschichte sind nun mal nicht so.

Religionsgemeinschaften der Juden

Es gibt viele Mythen, die in den Evangelien gepflegt und bis heute überliefert sind. Daher zunächst eine Klarstellung.

Im alten Palästina gab es nicht nur unterschiedliche Regionen, sondern auch verschiedene Auffassungen von den Gesetzen Gottes (und der Menschen). Beispiele für ersteres: Wer aus Samaria kam, hielt sich nicht so streng an religiöse Vorschriften. So konnte *der barmherzige Samariter* einem Menschen helfen, auch wenn ihm dies wegen des Sabbat-Verbots jeglicher Tätigkeit nicht erlaubt war. Oder: Menschen aus Galiläa hatten den Ruf, aufsässig, rebellisch, gefährlich zu sein. Jesus kam aus Galiläa.

Nun zu den religiösen Auffassungen. Da gab es so extreme Gruppierungen wie die *Zeloten*, religiöse Eiferer mit einer Vorliebe für bewaffnete Aufstände; die *Essener*, die sich von allem irdischen Übel in Höhlen bei Qumran zurückzogen; die *Sadduzäer*, eine Gruppe strenger Gesetzesausleger rund um den Hohepriester, die keinerlei Abweichung von jüdischen Vorschriften duldeten und sich stets mit den Römern gut stellten; und die *Pharisäer*, welche Gesetze, Gebote und Vorschriften auf ein menschliches Niveau bringen wollten und sich nicht so sehr um das Formale, sondern mehr um die Menschen kümmerten. Aus ihnen gingen später die Rabbis und die Schriftgelehrten hervor.

Nach allem, was wir von Jesus wussten, war er ein Pharisäer. Warum wurde diese, menschlich so ansprechende Gruppe, dann in den Evangelien so schlecht dargestellt? Dazu müssen wir uns anschauen, welche Ziele die frühen Christen hatten.

Die frühen Christen

Die frühen Christen hatten vor allem zwei Ziele: hin zu den Römern bzw. den Bewohnern des römischen Reiches, und weg von den Juden. Da zu dieser Zeit die Sadduzäer keine Rolle mehr spielten, gab es nur noch die Pharisäer als Sinnbild für die offizielle jüdische Religion. Also galt die Gleichstellung: gegen die Juden = gegen die Pharisäer. Dazu kommt: Paulus, der eigentliche Begründer - zumindest Vermarkter - des Christentums, bezeichnet sich selbst als Pharisäer, wurde aber von den Schriftgelehrten nicht anerkannt. Vermutlich war er nicht gelehrt genug. Also rächte er sich und machte die Rabbis schlecht, und die Juden dazu.

Der Versuch, sich mit den Römern gut zu stellen, zeigt sich auch in der eher menschlichen Schilderung des römischen Statthalters. Dabei war ganz klar: Jesus wurde nach römischem Recht zum Tode verurteilt; er wurde als Aufrührer angesehen; auf der Verurteilungstafel am Kreuz stand sein Vergehen: König der Juden. Jesus hatte dieses "König" ganz wörtlich gemeint. Nicht, dass er selbst sich zum König krönen würde. Aber Gott würde durch ein Wunder am Ölberg die Juden befreien, die Römer vertreiben, einen neuen König (also Jesus) etablieren und dem geplagten Volk den ewigen Frieden bringen.

Pilatus war ein Römer mit den üblichen Befugnissen, Jesus ein Aufrührer mit der üblichen Strafe. Doch weil die frühen Christen sowohl Jesus, den Inbegriff ihrer Religion, als auch Pilatus, den Inbegriff der Macht, positiv darstellen wollten, ergab sich die bekannte verzwickte Situation beim Verhör: Jesus schweigt, als er gefragt wird, ob er der König der Juden sei. Und dann meint er: Mein Königreich ist nicht von dieser Welt - ein ziemlicher Unsinn, denn Könige gibt es nur im Diesseits. Im Jenseits herrscht Gott, kein König neben oder unter ihm. Ob Pilatus zögerte oder nicht, er konnte gar nicht anders als Jesus als potentiellen Aufrührer zum Tode zu verurteilen Denn die Römer hatten Angst vor dem aufmüpfigen Volk der Juden, und das zu Recht.

Paulus

Kommen wir nun zu dem Mann, der als erster über Jesus berichtete (um einiges vor den Evangelisten!), der das Christentum zu jener Religion formte, die wir auch heute noch akzeptieren, der wir in dieser Form anhängen. Im Gegensatz zu Jesus ist Paulus eine geschichtlich verbürgte Person. Im Gegensatz zu Jesus wollte Paulus nicht die jüdische Religion erneuern oder wenigstens menschlicher machen, sondern er wollte eine weltweit akzeptable neue Religion erschaffen. Im Gegensatz zu Jesus stützte sich Paulus nicht nur auf jüdische Religionsbestandteile, er vermischet seine Lehre vielmehr mit dem, was im römischen Reich gerade gang und gäbe war: Erlöser, Mysterien, Aufnahmerituale, Jungfrauen, Tod und Auferstehung.

Paulus hat das Christentum geformt. Er machte aus dem Tode Christi ein Mysterium ähnlich der Opferung des heiligen Stiers im Mithraskult. Er gab dem Christentum jenen Antifeminismus und Antisexualismus, der sich als schwarzer Faden durch die Jahrhunderte zieht und so viel Unheil angerichtet hat. Er stellte immer wieder die Juden als Böse hin und etablierte so einen Anti-Judaismus, der selbst 2000 Jahre danach immer noch weit verbreitet ist und so viel Unglück über die Menschheit (nicht nur die Juden) gebracht hat. Das Christentum wurde durch ihn zu einer organisierten Religion und übernahm dabei viele Elemente aus anderen Religionen, die im Römischen Reich verbreitet waren:

- vom *Mithraismus* (der unter römischen Legionären viele Anhänger hatte) die Idee des Sühneopfers; das Heilige Mahl, bei dem die Gläubigen ihren Gott verspeisen; den Sonntag als heiligen Tag; und den 24. Dezember als Geburtstag Christi (es war der Geburtstag des Mithras);

- aus dem *Zoroastrismus* (der Lehre des Persers Zarathustra) die Vorstellungen von Hölle und Fegefeuer; vom Jüngsten Gericht und der Auferstehung der Toten; von der Welt als Schauplatz des ewigen Kampfs zwischen Gut und Böse; und von der Schlange als Geschöpf Satans;

- vom ägyptischen *Serapiskult* die Verehrung Marias, die mit Isis gleichgesetzt wurde. Die Ägypter verehrten außerdem Osiris (der später mir Serapis verschmolz) als Gott der Wieder-Auferstehung;

- vom Attis-Kybele-Kult die Verehrung der *Großen Mutter*;

- von den Ägyptern außerdem das *Zeremoniell der Priester*;

- von den Römern die *hierarchische Ordnung der Kirche*.

Die *Ablehnung des Kaiserkults*, deretwegen die ersten Christen so verfolgt wurden fand sich auch bei den Juden. *Mitleid und Nächstenliebe* wurde von wandernden Kynikern praktiziert.

Die Religion des Paulus kam an, wegen der im Römerreich bekannten Ingredienzien. Sie entsprach dem Zeitgeist, sie befriedigte viele emotionale und spirituelle Bedürfnisse. Mit anderen Worten: Ohne Paulus gäbe es kein Christentum.

Womit wir endlich zu alternativen Geschichtsszenarien kommen.

Christus wird begnadigt

Hier der literarische "Bericht "von Roger Caillois:

Im Gericht verkündete Pilatus vor der aufgebrachten Menge die Unschuld Jesu, entließ ihn aus dem Gefängnis und stellte ihn, solange es nötig sein würde, unter Militärschutz. Es gab einen Aufruhr und wiederum, noch der altvertrauten Formel, mehrere Tote und zahlreiche Verletzte.

Nach der Verkündung des Urteils hatte bei den Jüngern des Propheten allseits Jubel geherrscht. Sie hatten ihn verloren gegeben. Nun kehrte er zu ihnen zurück, schuldlos gesprochen von dem Stellvertreter des Cäsars persönlich. Das war der an ein Wunder grenzende Triumph der Gerechtigkeit. Endlich einmal hatte die Macht die Partei des Gerechten und Verfolgten ergriffen.

Indessen war die Tat des Pilatus dem Rabbiner schon bald abträglich. Vielleich erinnerten sich die eifrigsten seiner Getreuen daran, ein wenig das Gerücht ausgestreut zu haben, dass Erzengel mit Flammenschwertern kommen würden, um ihn am Kreuze zu befreien. Die Erzengel hatten keine Gelegenheit dazu gehabt. Nicht, dass die Jünger bedauert hätten, dass der Meister nicht gekreuzigt worden war. Gleichwohl hatten sie das Gefühl, dass das Einschreiten himmlischer Heerscharen eindrucksvoller gewesen wäre als der Beschluss eines Beamten. Man hätte manchmal meinen können, sie seien unzufrieden darüber, dass der Sohn Gottes sein Leben der Festigkeit eines römischen Verwalters verdankte. Das erschien gewissermaßen unvereinbar mit der göttlichen Natur.

Der Messias setzte sein Leben als Prediger erfolgreich fort und starb in vorgerücktem Alter. Er genoss einen großen Ruf als Heiliger, und noch lange pilgerte man zu seiner Grabstätte. Jedoch, um eines Mannes willen, der es gegen alle Anfechtung vermochte, standhaft zu sein, fand eine Christianisierung nicht statt.

Wer es nicht so künstlerisch mag, hier auszugsweise die Analyse des deutschen Historikers ALEXANDER DEMANDT:

Was wäre geschehen, wenn Jesus durch Pontius Pilatus im Jahre 33 begnadigt worden wäre? Wäre die Kreuzigung unterblieben, so hätte das zunächst ebensowenig sichtbare Folgen gehabt wie die Kreuzigung solche hatte. Nach dem Zeugnis der Evangelisten hat sich Jesus als das Lamm Gottes begriffen, das gemäß dem Willen des Vaters im Himmel für die Sünden der Welt am Stamm des Kreuzes geschlachtet werden musste. Hätte Pilatus sich geweigert, dies anzuordnen, so wäre Jesus möglicherweise an seinem Selbstverständnis irre geworden. Die Leidensankündigungen hätten sich als falsche Prophezeiung herausgestellt, und damit hätte Jesus sein Ansehen bei den Jüngern verspielt. Vermutlich wäre Jesus verbürgerlicht, hätte Maria Magdalena geheiratet und sein Dasein als friedlicher Zimmermann in Nazareth beschlossen. Wäre Jesus eines sanften Todes gestorben, müssten wir uns ein kreuzloses Christentum denken. Das ist schwer, denn das seit Paulus manifeste Kernstück der christlichen Lehre, die stellvertretende Erlösung durch Jesu Opfertod, entfiele.

Jedenfalls hat die Kreuzigung Jesu das urchristliche Denken so stark geprägt, dass seine Tilgung den Schwund der Religion zur Folge hätte. Die Ethik der Bergpredigt und die Naherwartung des Weltendes würden für einen durchschlagenden Missionserfolg kaum ausgereicht haben. Ohne Kreuz wäre Jesus nur der Stifter einer weiteren jüdischen Glaubensgemeinde geworden, neben den Pharisäern, Sadduzäern, Essenern, Qumran-Leuten usw. Sie alle sind verschwunden.

Ein verbreitetes Erlösungsbedürfnis bei den unteren Schichten, dokumentiert in der Beliebtheit orientalischer Mysterienkulte, das Interesse an einer philosophisch entwicklungsfähigen Religion in den gebildeten Kreisen, bezeugt durch den Neuplatonismus und die Gnosis, der Wunsch nach organisierter Staatsreligion, wie sie die Ptolemäer vorgeführt und die Kaiser nachgemacht haben, all das gab's sowieso. Hier ist durch den Wegfall des Christentums, das alle jene Bedürfnisse zu bündeln und zu stillen verstand, eine Marktlücke bezeichnet, die nun anders hätte geschlossen werden müssen.

Nach Demandt hätte das ein Sonnenkult sein können, von dem ja einige Ideen in das Christentum einflossen - zum Beispiel der heilige Sonntag (der in meiner Wahlheimat Niederbayern immer noch heilig ist). Vielleicht wäre dann sogar das römische Reich erhalten und das finstere Mittelalter uns erspart geblieben. Ob das ein Vorteil für uns geworden wäre? Demandt jedenfalls sieht *ein Mittelalter, dessen Städte nicht um Kirchen und Kathedralen, sondern um Sonnentempel und Kapitole gebaut sind, in denen nicht die Bibel, sondern Homer, Vergil und Edda gelesen werden, in denen es keine Glaubenskämpfe und keine Inquisition gibt, aber auch keine Spitäler und keine Armenfürsorge.*

Braucht das Christentum einen Märtyrer?

Für manche Christen sind Tod und Auferstehung Jesu' grundlegende Voraussetzungen für ihren Glauben. Da stellen wir zuletzt eine etwas provokante Frage: War die Tötung Jesu, möglicherweise durch einen Justizirrtum, wirklich so wichtig für seine Anhänger? Wenn wir uns andere Propheten ansehen, ergibt sich folgendes Bild:

Lao-Tse: starb 160-200-jährig (!)

Konfuzius: starb 72-jährig

Buddha: starb mit 80 Jahren

Mani: starb 60-jährig im Gefängnis

Zarathustra: starb 77-jährig (?)

Mohammed: starb ca. 60-jährig im Haus seiner Frau Aischa

William Miller (Adventisten, Zeugen Jehovas): starb 67-jährig

Eines gewaltsamen Todes starben nur:

Joseph Smith (Mormonen): wurde 39-jährig von einem Mob gelyncht, und eben

Jesus: wurde 33-jährig hingerichtet.

Ein Märtyrertod ist also für die Gründung einer Religion nicht unbedingt erforderlich. Das zentrale Thema des Christentums, Tod und Auferstehung Christi, kann historisch auch anders gedeutet werden: nicht als *Voraussetzung* einer Religion, sondern als nachträgliche *Umdeutung* eines unerwarteten und schmählichen Todes.

Doch hat gerade diese Deutung (ein Faktum für Gläubige) möglicherweise unsere Gesellschaft grundlegend beeinflusst, der Geschichte einen entscheidenden Verlauf verpasst? Das jedenfalls meint der Historiker Carlos Eire von der Yale University (USA), der sich auf Ideen des deutschen Theologen PAUL TILLICH (1886-1965) stützt. Tillich sagt:

Christus ist Mittler zwischen Gott und Mensch, also zwischen dem Unendlichen und dem Endlichen.

Wegen der Doppelnatur von Jesus kann es kein christlicher Herrscher wagen, sich zu einem Gott aufzuschwingen, im Gegensatz zu den Pharaonen Ägyptens oder den Kaisern Roms. Deshalb wird immer ein menschlicher Mittler zwischen den Menschen und Gott gebraucht.

Das kann ein Mensch "weit oben" sein, etwa der Papst, oder ein Seelsorger "weit unten", etwa ein Dorfpfarrer. Weil aber nun sowohl Papst als auch Kaiser im Abendland menschlich sind und menschlich bleiben müssen - mehr geht nicht, wegen der göttlichen Natur von Jesus - gibt es immer einen Machtkampf zwischen Papst und Kaiser. Dieser Kampf beherrschte lange Zeit das Abendland; er führte dazu, dass kein religiöses und kein weltliches Oberhaupt je absolute Gewalt erlangen konnte, selbst wenn so mancher das wollte.

Die letzte Alternative: Jesus wird König der Juden

Zuletzt möchte ich noch eine bewegende kontrafaktische Erzählung vorstellen: BERNARD CHARLES NEWMANs (1897- 1968) "Hosanna", erschienen 1935. Er stellt die einfache Frage: Was wäre geschehen, hätte Jesus sich überreden lassen, tatsächlicher (weltlicher) König der Juden zu werden? Seine Jünger (und Maria Magdalena) versuchen ihn davon zu überzeugen, dass er der erwartete Messiah = Erlöser ist. Nach langem Zögern gibt Jesus nach und lässt sich zum König krönen.

Die Folgen der Überredungskunst seiner Jünger sind fatal: Jesus kann zwar die Juden mit ihren widerstreitenden Sekten und ihrer Betonung von Ritualen einigen und damit die römische Besatzung vertreiben. Doch ein gewisser Barabbas ist beleidigt, weil er, nach Jesus Meinung, zu brutal war, und zieht sich mit Anhängern in die Berge zurück, von wo aus seine Räuberbande die anderen Juden überfällt. Kaiser Tiberius bereitet den Generalangriff vor, der nach drei Jahren dann stattfindet. Barabbas verrät den Römern einiges. Die Festung Jerusalem ist zwar gut gesichert, aber weil ein wichtiges Fest stattfindet, strömen alle Juden als Pilger in die Hauptstadt. Die ist dem Ansturm der eigenen Leute nicht gewachsen, Lebensmittel- und Wasservorräte gehen zur Neige, Seuchen breiten sich aus, die Menschen verrohen und essen ihre eigenen Kinder. (Das sind alles Ereignissplitter vom letzten Aufstand der Juden gegen Rom im Jahre 70 unserer Zeitrechnung, geschildert vom jüdischen Historiker Flavius Josephus).

Jesus bittet Tiberius um Gnade, was der ablehnt. Er lässt Jesus nicht einmal zurück, obwohl er als Botschafter kam und Immunität genießen sollte. Schließlich öffnen die Juden die Tore; sie werden alle bis fast auf den letzten Mann niedergemetzelt (und die Frauen natürlich vorher vergewaltigt). Ein paar Männer hebt sich Tiberius für den Triumphzug auf, ein paar werden in die Sklaverei verkauft.

Jesus wird vor den noch übrig gebliebenen Juden gekreuzigt, also wie in der Bibel beschrieben, aber drei Jahre später und mit den entsetzlichen Folgen der Auslöschung seines Volkes. Er bereut, dass er sich hatte überreden lassen. Tiberius lässt Gnade walten, Jesus' toter Körper wird abgenommen und, unter Anleitung von Maria Magdalena, in ein Grab gebracht, das mit einem großen Stein verschlossen wird, den Barabbas hinbringt (der bereut inzwischen). Nach drei Tagen, so hatte Jesus Maria Magdalena noch anvertraut, werde seine Seele wieder auferstehen, sein Körper vielleicht auch. Seine restlichen Anhänger sehen nach drei Tagen ins Grab - die Seele mag zu Gott gekommen sein, der Körper aber liegt noch da.

Maria Magdalena übernimmt, der Bitte ihres Meisters gemäß, die Weiterverbreitung seiner Lehre und schreibt sogar ein Buch. Doch das Buch verschwindet, die Lehre interessiert niemand (aus dem Mund einer Frau!), es gibt kein Christentum; infolgedessen aber auch keinen Widerstand gegen die erstarkten Araber, und die Welt wird muslimisch. Immerhin wird Marias Buch wiederentdeckt, das Leben des Königs der Juden erforscht, und er wird von vielen Muslimen als Prophet verehrt.

Der bei uns unbekannte Autor hat ein großes Werk in schöner, edler, aber nie altertümelnder Sprache geschaffen, mit eindrucksvollen, detailreichen, sehr realistischen Schilderungen der Kämpfe und Massaker, der gespaltenen Judenheit, der inneren und äußeren Kämpfe.

Der Kaiser von Amerika
China erobert die Welt

Ein außerirdisches Raumschiff, das, sagen wir, so gegen 1000 unserer Zeitrechnung (u.Z.) auf der Erde gelandet wäre, hätte mindestens zwei vollständig verschiede Entwicklungsstadien der menschlichen Population vorgefunden:

Hätte es in **China** festen Boden berührt, wären seine Insassen (also die Außerirdischen vulgo "Aliens") einer blühenden Zivilisation begegnet. Das "Reich der Mitte" war damals in technischer, zivilisatorischer, vor allem aber in künstlerischer Hinsicht vermutlich die höchstentwickelte Kultur der Erde. Die Chinesen hatten (bitte nicht auf das Jahr festlegen):

- Uhren (allerdings nur mit Wasser betrieben, das verstopft bald die Düsen);

- Papier. War billiger als Papyrus oder Pergament und diente der sauberen Archivierung oder Verbreitung geistiger Inhalte;

- die Druckerpresse, allerdings kaum mit beweglichen Lettern, mehr wie unsere Holzschnitte, mit vielen Bildern. Konnte ebenfalls zur schnellen Verbreitung von Gedrucktem beitragen.

- die Schubkarre, mit der kleinere Lasten gut transportiert werden können;

- den Steigbügel, wichtig zum raschen Einsatz der Pferde im Krieg;

- das Pferdegeschirr, sodass Pferde (die viel schneller sind als Ochsen) nicht ersticken, wenn sie den Pflug ziehen;

- wassergetriebene Maschinen zum Spinnen von Hanf;

- Holzkohle und Koks zum Schmelzen von Metallen;

- den Magnet-Kompass, der ein besseres Navigieren auf den Meeren ermöglicht;
- Schießpulver, was dem Nutzer jeglichen Vorteil im Krieg bringen könnte;
- Porzellan, eine heiß begehrte Ware im zurückgekommenen Europa;
- Tee und Seide; usw.

Die Schiffe der Chinesen waren die größten der damaligen Welt; mit ihnen hätten sie ohne weiters die Pazifikküste Amerikas erreichen und das Land erobern können. China und die Weltherrschaft? Durchaus möglich.

Erst mal zurück zu unseren Aliens. Ein völlig anderes Bild hätte sich ihnen geboten, wären sie in **Europa** an Bord gegangen. Wie deren Bewohner damals wirkten, beschreibt sehr schön ein arabischer Gelehrter. Im 10. Jahrhundert u.Z. charakterisierte der Geograf Mas'udi die Völker von "Urufa", wie Muslime Europa nannten, so: "*Es fehlt ihnen am warmen Humor, sie besitzen plumpe Körper, eine derbe Natur und haben barsche Manieren, einen stumpfsinnigen Verstand und schwere Zungen ... Je nördlicher sie siedeln, desto dümmer, hässlicher und viehischer werden sie.*"

Doch diese dummen, hässlichen, viehischen Urmenschen beherrschten ein paar Jahrhunderte später fast die ganze Erde. Wie kam das? Wie konnten aus solchen Barbaren Welteroberer werden, mit einer hochentwickelten Technik, Zivilisation, Verwaltung und (darüber lässt sich streiten) Kunst?

Betrachten wir ein anderes Bild der Europäer, auch etwa aus dieser Zeit. Bei den Kreuzzügen wüteten sie wie echte Barbaren, schlugen alles kurz und klein, metzelten hin, was ihnen in den Weg kam. Typische Barbaren. Und dennoch ... Zitieren wir wieder einen Araber, erst mal negativ:

Der Chronist Ussama Ibn Munqidh stellte fest: *Alle, die nach dem Wesen der Franken* [= Europäer] *geforscht haben, mussten feststellen, dass sie Tiere sind ... und uns nur durch ihre Kraft und Angriffslust überlegen.*

Doch ein anderer Chronist, Ibn Djobaïr, erzählt eine andere Geschichte:

Wir haben den Ort Tibnin auf einer Straße verlassen, an der viele Bauernhöfe von Moslems lagen, die unter den Franken in großem Wohlstand leben - möge Allah uns vor einer ähnlichen Versuchung bewahren! Die Moslems sind Herren ihrer Behausungen. Die Herzen zahlreicher Moslems sind erfüllt von der Versuchung, sich hier anzusiedeln, wenn sie die Lage ihrer Brüder in den von den Mohammedanern verwalteten Distrikten sehen, denn der Zustand der letzteren ist ganz das Gegenteil von angenehm. Das Unglück für die Moslems ist, dass sie in den von ihren Glaubensgenossen regierten Gegenden sich immer über die Ungerechtigkeiten ihrer Gebieter zu beklagen haben, während sie nicht anders als zufrieden sind mit dem Verhalten der Franken, auf deren Gerechtigkeit sie sich immer verlassen können.

So wüst sie bei Eroberungen und Plünderungen, bei Massakern und Massenhinrichtungen vorgingen: Die Franken und ihre Spießgesellen versuchten immer, in den von ihnen verwalteten Gebieten eine Art gesetzlich verankerte Sicherheit einzuführen. Es gab Räte und Richter, deren Sprüchen sich selbst Könige beugten - für die an Willkürherrschaft gewöhnten Muslime ebenso unverständlich wie erfreulich. Für Chinesen nur unverständlich und abscheulich.

Aber stellen wir uns einfach vor, die Chinesischen Herrscher hätten nicht die eigenen Schiffe verbrannt und Gedanken an Welteroberung verbannt; stellen wir uns vor, sie wären an der Küste Amerikas gelandet - und an anderen Küsten, ausgestattet mit ihrer hoch entwickelten Technik. Stellen wir uns also vor, sie hätten die ganze Welt beherrscht wie später die Engländer. Wie hätte diese Welt ausgesehen?

Der Sciencefiction-Autor CHRIS ROBERSON hat diese Welt in seiner Alternativweltgeschichte "O ONE" wunderbar geschildert. Die Chinesen haben ein Weltreich gegründet. Eines Tages kommt ein Erfinder aus dem fernen England (eine chinesische Kolonie) namens Napier und führt eine mechanische Maschine vor, die angeblich schneller rechnen kann als der Ober-Rechner Tsui samt seinen Gehilfen, die ihre Aufgaben üblicherweise mit Hilfe parallel geschalteter Abaci (mechanische Rechenschieber, mit denen heute Kinder spielen) erledigen. Die mechanische Maschine (offenbar dampfbetrieben, hässlich, laut, öltropfend) ist auch nur bei der Berechnung der 3. Wurzel aus einer großen Zahl besser. So entscheidet der Kaiser: Fort mit der Erfindung. Dennoch bleibt er beeindruckt und verspricht, die Weiterentwicklung der "analytischen Maschine" zu fördern. Dazu kommt es aber nicht, denn am nächsten Tag ist die Maschine zerstört und die Leiche des Erfinders schwimmt im Meer.

Sehr realistisch. Denn in China bestimmte - und bestimmt! - oft nur ein einziger Mann, was geschieht oder nicht. Entscheidungen wurden nicht durch Diskussion oder Wettbewerb gefällt, sondern ausschließlich vom Kaiser. Wenn der befahl: Erobert die Welt, wurde die Welt erobert. Nachdem ihn sein Cousin gemeuchelt und sich selbst inthronisiert hatte, befahl der neue Kaiser: Die Welt wird NICHT erobert, verbrennt alle Schiffe, zerstört alle Unterlagen, in denen der frühere Kaiser erwähnt wird. Also wurden die Schiffe verbrannt, die Schriften vernichtet, natürlich auch diejenigen mit technischen Anweisungen oder gar wissenschaftlichen Erkenntnissen. Sollte irgendein Untertan eine Idee zu einer neuen (nicht genehmigten) Anwendung einer Erfindung haben - Beispielsweise den Einsatz der Spinnmaschinen auch für Baumwolle - wurde diese Idee geprüft und verworfen. Denn, wo käme man denn hin, wenn irgendein dahergelaufener Nicht-Beamter was Neues ausprobieren wollte!

Alle Erfindungen hatten dem Kaiser zu dienen. Beispielsweise das Schießpulver zu seiner Erbauung: bunte Blitze im Himmel, Bälle, die scheinbar von selbst aufsteigen, viel schöner Rauch. Das genügte. Waffen? Nicht nötig, wir haben ja Bauern, es sind genügend da, die dürfen im Krieg fallen. Dazu kommt: Die Hälfte der Bevölkerung, nämlich die Frauen, war vom Wirtschaftsleben komplett ausgeschlossen. Frauen mussten zu Hause bleiben. Die Idee - im europäischen Mittelalter weit verbreitet - dass der Meister die manuelle Arbeit erledigt und die Meisterin sich um Gesellen und Finanzen kümmert -

unvorstellbar in einer frauenverachtenden, geistig erstarrten Gesellschaft.

Zu dieser absolutistischen, veränderungsfeindlichen Einstellung kommt noch die grenzenlose Verachtung der Machthaber gegenüber Kaufleuten (sie bringen nur Dinge, die wir nicht brauchen oder die gar gefährlich sind), und gegenüber Ausländern. Als die dann endlich kamen und Geschenke anboten (Uhren, astronomische Instrumente, andere nützliche Sachen), sah sie der Kaiser nur kurz an und warf sie dann zornentbrannt zu Boden: Spielzeug, eines Kaisers unwürdig. Die Engländer lernten schnell und brachten das nächste Mal ein anderes Geschenk mit, das zwar der Kaiser nicht so mochte, die Bevölkerung aber umso mehr: Opium. So ging China zugrunde, durch die Arroganz seiner Machthaber.

China und die Weltherrschaft? Niemals!

Die finstere Zeit
Die Spanier erobern England

Fakten

Nach dem Sieg über Frankreich, der Unterdrückung renitenter Protestanten in den Niederlanden, der Einverleibung Portugals und von Teilen Italiens, machte sich Spaniens absoluter Herrscher Philipp II (= der Zweite) daran, den ruchlosen Engländern zu zeigen, wer der Herr über Europa und die Welt ist: Nicht diese ewig schwankenden Inselbewohner, sondern die einzig wahre Macht, also das katholische und damit von Gott ausersehene Spanien. Der Unterstützung der anderen katholischen Länder - Frankreich, Österreich, Deutschland, die Papstländereien, die katholischen Niederlande - konnte er sich gewiss sein.

Der spanische Habsburger mit der dicken Unterlippe beherrschte praktisch die ganze Welt; jedenfalls ging in seinem Reich die Sonne nicht unter. Aber das reichte ihm nicht, denn sein Wahlspruch lautete: *Die Welt ist nicht genug.* Da es jenseits der Welt nichts geben kann (so ist das Wort "Welt" schließlich definiert: Sie umfasst alles), gehen des Spaniers Pläne noch über die seines geistigen Nachfolgers Adolf Hitler hinaus. Letzterer wollte nur die Welt erobern, nicht mehr. Philipp wollte mehr. Und er bereitete dieses sein Ziel sorgfältig vor.

Nach aller historischen Wahrscheinlichkeit sollte er die Schlacht vor England im August 1588 gewonnen, das Land erobert, Europa re-katholisiert und Nordamerika hispanisiert haben. So sah *Spanien* damals aus:

- Es war das reichste Land Europas, dank der ungeheuren Goldschätze, die den lateinamerikanischen Staaten entrissen wurden. Das verleitet zur Großzügigkeit: Die Katholische Liga in Frankreich erhielt zwischen 1587 und 1590 von Spanien 1,5 Millionen Dukaten, und im gleichen Zeitraum bekam die flandrische Armee mehr als 21 Millionen Dukaten. Der König selbst sagte, er habe 10 Millionen Dukaten für die Armada ausgegeben. Da vier Dukaten ungefähr einem Pfund Sterling entsprachen, überschritten seine gesamten Ausgaben für dieses Projekt 7 Millionen Pfund, während Elisabeths jährliche Einnahmen bei etwa 200.000 Pfund lagen. Gleichzeitig gelang es Philipps Diplomaten, die anderen europäischen Staaten entweder auf die Seite Spaniens zu ziehen oder zu neutralisieren.

- Die Armada bestand aus 130 hochgerüsteten Schiffen.

- Der Herzog von Parma sollte von Dünkirchen aus mit 27.000 Soldaten und 300 Frachtschiffen dazustoßen. Dazu gab es einen sorgfältigen Einschiffungsplan, einschließlich einer genauen Wegbeschreibung und der Reihenfolge, in der jede Einheit von ihrem Quartier zum vorgesehenen Hafen zu marschieren hatte. Die ganze Operation wurde sogar zweimal geprobt.

Und so sah *England* damals aus:

- Die Pulverkammern waren leer.

- Die Befestigungsanlagen an der Küste waren hoffnungslos veraltet. Nur Upnor Castle am Fluss Medway hätte den spanischen Kanonen standhalten können. Die größeren Städte Kents, Canterbury und Rochester, hatten noch ihre mittelalterlichen Mauern. Überhaupt keine Befestigungsanlagen gab es zwischen Margate, dem vorgesehenen

Brückenkopf für die Spanier, und dem Medway. Selbst London wäre relativ leicht einzunehmen gewesen, da die Hauptstadt noch immer ihre mittelalterlichen Mauern hatte. Und selbst wenn nicht - so mancher Kommandant erlag der Macht spanischer Goldmünzen!

- In England herrschte praktisch Bürgerkrieg. Abhängig vom Herrscher wurden Protestanten (unter Maria Stuart) oder Katholiken (unter Elisabeth) verfolgt und ermordet. Die Königin fühlte sich verpflichtet, 6000 Soldaten entlang der schottischen Grenze zu postieren, für den Fall, dass König Jakob VI., dessen Mutter (Maria Stuart) Elisabeth im Jahr zuvor hatte hinrichten lassen, beschließen sollte, sich auf die Seite der Spanier zu schlagen.

- In England waren Attentate, ein Erbe des Hundertjährigen Kriegs, immer noch an der Tagesordnung. Elisabeth überlebte mindestens zwanzig Attentatsversuche: der Erfolg eines einzigen hätte die Tudor-Dynastie ausgelöscht.

- England war praktisch pleite. Elisabeth konnte weder im eigenen Land Kredite ergattern (weil die Feindseligkeiten mit Spanien zu einem Rückgang des Handels geführt hatten) noch im Ausland (weil die meisten Bankiers auf dem Kontinent glaubten, Spanien würde gewinnen). Dadurch war sie gezwungen, jede Phase ihrer Verteidigungspläne bis zum letzten Moment hinauszuzögern, um Geld zu sparen. Am 29.Juli 1588 klagte ihr Schatzmeister darüber, dass sich auf seinem Schreibtisch unbezahlte Rechnungen in Höhe von 40.000 Pfund angesammelt hätten, "ohne eine Möglichkeit, Geld zu beschaffen, um sie zu bezahlen." "Man möchte wünschen", so seine bittere Schlussfolgerung, "dass der Feind, wenn Frieden nicht sein kann, nicht länger zögert, sondern zeigt, dass das Glück, wie ich zuversichtlich glaube, nicht auf seiner Seite ist. " Von den Holländern abgesehen, war England ganz allein auf sich gestellt.

- Die englische Armee existierte praktisch nicht. Nur wenige Männer hatten Feuerwaffen, und das Schießpulver, das einige von ihnen bekamen, reichte nur für drei oder vier Schuss. Die Milizen der südlichen Grafschaften waren so chaotisch, dass ihre Befehlshaber befürchteten, sie werden sich eher gegenseitig umbringen als den Feind.

- Erst am 27. Juli, als sich die Armada schon dem Ärmelkanal näherte, ordnete die Königin die Aufstellung der südenglischen Milizen an, und dann gab sie ihnen auch noch den Befehl, in Richtung Tilbury in Essex zu marschieren, das siebzig Meilen von dem von Philipp ausersehenen Brückenkopf entfernt lag und von diesem zudem durch die Themse getrennt war. Die Flusssperre, die errichtet wurde, um die feindlichen Schiffe fernzuhalten, brach bei der ersten Flut zusammen und wurde nie repariert. Eine aus Schiffen gebildete Brücke, die die Truppen der Königin in Kent und Essex miteinander verbinden sollte, blieb unvollständig. Selbst in Tilbury, der Hauptstütze der englischen Verteidigung, begannen die Arbeiten an den Befestigungsanlagen erst am 3. August, als die Armada die Isle of Wight passierte. Drei Tage später, als die Flotte vor Calais vor Anker ging, begannen die Truppen in Kent in erheblichem Umfang zu desertieren. Insgesamt gab es nur 4000 Soldaten, lächerlich wenig, um sich den erfahrenen Spaniern in den Weg zu stellen, und außerdem hatten sie keine klare Strategie. Der örtliche Befehlshaber Sir Thomas Scott meinte, seine Soldaten sollten entlang der Küste ausschwärmen und die Konfrontation mit dem Feind zur Seeseite hin suchen, während Sir John Norris, ein Offizier im Generalsrang, der im Südosten das Kommando hatte, vorsichtiger war und alle Soldaten, bis auf eine Kerntruppe, ins Inland beordern wollte, um Stellung bei Canterbury zu beziehen und den Feind daran zu hindern, schnell nach London oder ins Herz des Reiches zu marschieren.

So zogen denn die Spanier gen Norden; der Rest ist Geschichte. Der Herzog von Parma versäumte den Zeitpunkt der vorgeschriebenen Ausschiffung - irgendeine Kommunikationspanne. Der König bestand auf dem Plan eines Umwegs, auch wenn dieser inzwischen sinnlos geworden war. Die englischen Schiffe waren nicht so ohne und brachten den Spaniern einige Verluste bei. Den Rest besorgten üble Winde, welche die spanischen Schiffe erst nach Westen, dann nach Norden abtrieben, wo sie zu Bruch gingen. Das war das Ende einer großen Flotte und einer großen Nation. Die Schlacht vor der englischen Küste ist für die Großmacht Spanien vergleichbar der Schlacht bei Salamis für die Perser: aus, futsch, vorbei. Für immer. Aber wieso?

Die Welt, die Wahrscheinlichkeit, die Vorsehung (wenn es so etwas gibt): Es stand alles gegen England. Dass die Spanier dann doch verloren, verblüfft, überrascht, ist kaum zu erklären. Der böse Zufall hat eine Rolle gespielt: Starke Winde im Atlantik zerstörten einen Großteil der Flotte. Aber die Natur allein konnte einer so überlegenen Macht nicht so zugesetzt haben, dass Spanien im Anschluss an dieses Ereignis pleite ging und zu einer Minimacht schrumpfte. Was war da geschehen? Die Antwort finden wir im Charakter des absoluten katholischen Herrschers, den ich gleich ausführlich darlegen werde. Lassen wir aber zunächst Historiker und Literaten zu Wort kommen.

Fiktionen: Spanien siegt

Die Spanier hätten ohne Probleme London erobert, die englische Königin gefangen genommen (und sie vermutlich geköpft), die Protestanten in England, in den Niederlanden, in Deutschland und anderswo ausgerottet, ganz Europa unter die Fuchtel der Katholischen Kirche und der nicht besonders zimperlichen Spanischen Inquisition gesetzt, Wissenschaft und freies Denken abgeschafft, alles Unreine lange vor Hitler ausgerottet und ein echtes finsteres Zeitalter begonnen. Nicht nur in Europa, auch in Süd- und vor allem Nordamerika. Keine USA, kein Kanada, keine Demokratie.

Da sehen die beiden Science-Fiction-Autoren, die eine solche Zeit ausführlich schildern, das Ganze eigentlich noch ziemlich positiv.

In seiner Kurzgeschichtensammlung "Pavane" schildert der Autor KEITH ROBERTS sehr fragmentarisch ein Leben in Großbritannien unter spanischer Rigidität. Eigentlich beschreibt er in der ersten Erzählung nur ausführlich die Funktionsweise einer Dampfmaschine. Erst in der letzten Erzählung weist er darauf hin, wie wohltuend sich Inquisition, Unterdrückung jeglicher Freiheit, Einschränkung allen Denkens und Vorherrschaft der Priester ausgewirkt haben: kein Holocaust. Wer's glaubt.

Auch JOHN BRUNNER äußert sich eher freundlich über die Herrschaft der Spanier in seinen Erzählungen "The Society of Time". Da gibt es sogar einen Jesuiten, der eine Zeitmaschine erfunden hat, mit deren

Hilfe kleine Geschichts-Reparaturen ausgeführt werden. Von den Schrecken der Inquisition - keine Rede.

Aber: Wäre es wirklich so gekommen?

Faktionen: Spanien siegt doch nicht

Eine alternative Geschichte zu konstruieren ist in diesem Fall genauso leicht wie es Livius mit dem Zug Alexanders gegen Rom tat, oder wie wir es später mit einem Sieg Hitlers über die Sowjetunion tun werden: Die Charaktere der handelnden Personen sind hinreichend bekannt und für die historischen Alternativ-Abläufe entscheidend.

Apropos Hitler. Da ich kein Historiker bin und deshalb keinerlei Verpflichtungen spüre, immer und überall objektiv sein zu müssen und dabei niemanden beleidigen zu dürfen; da ich außerdem entsprechende Stellen in der Geschichtswissenschaft nicht gefunden habe; wage ich also einen Vergleich zwischen diesen beiden Persönlichkeiten, Phillipp und Hitler. Die Ähnlichkeiten sind frappierend:

- Hitler war besessen davon, das deutsch-germanische Blut reinzuhalten. Philipp war besessen davon, das spanisch-katholische Blut reinzuhalten. "Reinheit des Bluts" ("Limpieza de sangre)" war ein Begriff in Spanien, der allerdings nicht so sehr rassisch-biologisch, als vielmehr religiös-doktrinär verwendet und aufgefasst wurde. Dennoch waren die Spanier der Meinung, die Neigung zu einer bestimmten Religion würde vererbt, wäre also "rassisch" determiniert. Die Folgen waren in beiden Fällen fürchterlich:

- Hitler war besessen davon, "schlechtes" Blut aus der germanischen Rasse zu eliminieren. Ergebnis: Millionen ermordete "Untermenschen", die in den Flammen der Vernichtungslager-Krematorien verschwanden. Philipp war besessen davon, "schlechtes" Blut aus dem katholischen Volk zu eliminieren. Ergebnis: Zehn- oder Hunderttausende von der Inquisition ermordete "Unreine", die in den Flammen der Inquisitions-Scheiterhaufen umkamen.

- Hitler wollte die ganze Welt erobern. Da war er richtig bescheiden im Vergleich zu Philipp: Dessen Wahlspruch lautete, wie schon erwähnt: *Die Welt ist nicht genug.*

- Hitler hielt sich für den größten Feldherrn aller Zeiten, entmachtete die Generäle und übernahm allein die Planung seiner Feldzüge, wobei er sich um jedes Detail kümmerte und jegliche Handlung erst nach seiner Genehmigung durchgeführt werden konnte. Tut mir leid, mich wiederholen zu müssen: Philip hielt sich für den größten Feldherrn aller Zeiten, entmachtete die Generäle und übernahm allein die Planung seiner Feldzüge, wobei er sich um jedes Detail kümmerte und jegliche Handlung erst nach seiner Genehmigung durchgeführt werden konnte.

- Hitler hatte einen "Masterplan", mit dessen Hilfe er die Sowjetunion zu Boden ringen konnte. Philipp hatte einen "Masterplan", mit dessen Hilfe er Großbritannien zu Boden ringen konnte. Beide Pläne scheiterten an ihrer Starrheit und am Wetter (Schnee, Stürme).

- Hitler hielt sich von der Vorsehung auserkoren. Philipp hielt sich von der Vorsehung auserkoren.

- Hitler akzeptierte keinen Kompromiss, nur einen totalen Sieg. Philipp akzeptierte keinen Kompromiss, nur einen totalen Sieg.

- Hitler hielt seinen Krieg (eigentlich: seine Kriege) bis zuletzt, auch im Anblick der totalen Niederlage, für absolut gerechtfertigt. Philipp hielt seinen Krieg (eigentlich: seine Kriege) bis zuletzt, auch im Anblick der totalen Niederlage, für absolut gerecht. Zitat Philipp (nach der Vernichtung seiner Flotte, hauptsächlich durch einen Sturm): *"Wäre dies ein ungerechter Krieg, könnte man diesen Sturm wahrhaftig für ein Zeichen unseres Herrn halten, man solle aufhören, Ihn zu beleidigen. Da es aber ein gerechter Krieg ist, kann man nicht glauben, dass Er ihn zunichte machen wird."*

- Hitlers Gegner war Stalin, mit dem er zuvor einen Friedensvertrag abgeschlossen hatte. Philipps Gegnerin war Elisabeth I, um deren Hand er zuvor angehalten hatte.

- Hitler hegte keinerlei Schuldgefühle. Als die Niederlage zu sehen war, gab er dem Volk die Schuld, nicht sich oder gar dem Vorhaben. Philipp hegte keinerlei Schuldgefühle. Als die Niederlage zu sehen war, gab er der Natur die Schuld, nicht sich oder gar dem Vorhaben.

Zitat: *"Ich habe meine Schiffe gegen Menschen ausgesandt und nicht gegen Wasser und Winde."*

- Hitler machte einen entscheidenden Fehler, gegen den Rat seiner Generäle: Er griff Moskau nicht direkt an, sondern machte einen Umweg, weil er seiner Armee Geleitschutz geben wollte. Philipp machte einen entscheidenden Fehler, gegen den Rat seiner Generäle: Er griff England nicht direkt an, sondern machte einen Umweg, weil er seiner Armee Geleitschutz geben wollte.

Hitlers Armee wurde von der Natur entscheidend geschwächt (vom russischen Winter). Phillipps Armada wurde von der Natur entscheidend geschwächt (von Nordseestürmen).

Ich weiß, das wird auf Dauer langweilig. Nur noch eine Kleinigkeit, eine verblüffende Übereinstimmung, die beiden Möchtegern-Welteroberern den Sieg kostete:

- Hitler ernannte einen unfähigen Mann zum Beherrscher der Luft: Göring, Herr über die Luftwaffe, war morphiumsüchtig, versprach vieles, hielt nichts. Das wirkte sich besonders nachteilig bei Dünkirchen und bei Stalingrad aus. Aber auch der General, der Stalingrad halten sollte (Paulus), zeichnet sich nicht durch Einfallsreichtum oder Eigeninitiative aus. Philipp ernannte einen unfähigen Mann zum Beherrscher des Wassers: Alonso Pérez de Guzmán, Herzog von Medina-Sidonia. Der Herzog war bislang im Verwaltungsdienst tätig gewesen und besaß keinerlei nautische Kenntnisse. Außerdem wollte er gar nicht. In einem Brief wies er Philipp auf seine Unkenntnis des Seewesens, seine schlechte Gesundheit und seine Neigung zur Seekrankheit hin; Fakten, die es ihm unmöglich machten, den Oberbefehl anzunehmen. Die Ernennung wurde nicht rückgängig gemacht.

Und jetzt kommt's: Beide absoluten Herrscher verloren eine entscheidende Schlacht eben wegen dieser (von ihnen ernannten oder zumindest akzeptierten) Männer. Als die englische Flotte bei Plymouth festsaß (kein Wind - sie konnte den Hafen nicht verlassen), wäre es ein leichtes gewesen, sie mit der gesamten Kraft der Armada zu vernichten. Das riet auch Sidonias Stellvertreter. Doch der vorsichtige Sidonia tat nichts ohne den ausdrücklichen Befehl seines Königs, und dieser hatte größere Pläne. So konnte die englische Flotte nach Einsetzen von Winden ungestört wieder ausrücken. - Als die sechste Armee in Stalingrad eingeschlossen war und die Versorgung über die Luft eingestellt wurde, wäre ein Ausbruch zu Beginn noch möglich gewesen. Hunderttausende deutsche Soldaten hätten dann woanders eingesetzt werden können. Doch Hitler verbot dies, Paulus folgte, 230.000 Soldaten fielen oder wurden nach Sibirien deportiert.

Also: Wie sah die Wirklichkeit *wirklich* aus? Als erstes: Es gab einen Meisterplan (vom König), aber keinerlei Flexibilität. In einem Zeitalter, wo ein Brief von A nach B ungefähr eine Woche brauchte und es keinerlei Telefon gab, konnte Philipps Art der Kriegsführung nur ins Verderben führen. Wie bei Hitler: Als die Generäle an der französischen Küste merkten: Da tut sich was, da kommen die Alliierten, da ergriffen sie sofort Gegenmaßnahmen. Aber es fehlte noch die Bewilligung vom Hauptquartier in Berlin. Kein Problem: ein Anruf sollte genügen. Doch da wurde ihnen mitgeteilt: Jeder Befehl muss vom Führer persönlich genehmigt werden. *Dann rufen Sie ihn an!* Geht nicht. Der Führer schläft. *Dann wecken Sie ihn auf!* Geht nicht. Er hat ausdrücklich Befehl gegeben, ihn nicht zu wecken. So verschlief der Führer die Invasion in der Normandie, mit bekannten Folgen. Ähnlich wäre es dem spanischen Heerführer ergangen. Denn, wie gesagt, jede Handlung musste von ihm ausdrücklich bewilligt werden - im Zeitalter vor Erfindung des Telefons eine absolute Unmöglichkeit.

Lassen wir zuletzt noch Alexander Demandt zu Wort kommen:

Die Wahrscheinlichkeit einer katholischen Universalmonarchie mit dem Zentrum Spanien bleibt gering. Die Gegenkräfte waren stärker als die Winde im Ärmelkanal.

Unser Glück: In Europa haben absolute und größenwahnsinnige Herrscher viel Unheil angerichtet, aber auf Dauer durchsetzen konnten sie sich nicht. Die schöne Jungfrau Europa ritt auf dem Rücken des in einen Stier verwandelten Zeus immer wieder davon, hin zu neuen Ufern des Fortschritts, der Freiheit, des Friedens.

Das sprachlose Land
Die Südstaaten gewinnen den amerikanischen Bürgerkrieg

Der amerikanische Bürgerkrieg dauerte vier Jahre und war für die Vereinigten Staaten verheerend. Seine Auswirkungen nach über 150 Jahren seit seinem Ende sind noch immer spürbar. Noch immer (mehr denn je) sind die USA gespalten, die Schwarzen unterdrückt, die Südstaaten arm, die gegenseitigen Vorurteile unverändert. Dabei ging es ja noch einmal gut, dank Lincolns Beharrlichkeit. Hätte es auch anders kommen können? Und wenn ja, wie sähen dann die USA aus? Darüber entwickelte sich ein lebhafter und immer noch anhaltender Gedankenaustausch auf dem Diskussionsforum quora.com (Suchen mit Eingabe von "civil war").

Zur ersten Frage: Es ist immer wichtig, die Wahrscheinlichkeit eines alternativen historischen Ereignisses in Betracht zu ziehen, bevor wir in Sciencefiction-Gebilde einsteigen. Die meisten Kommentatoren dieses Forums waren der Meinung, die Südstaaten hätten nie gewinnen können, zu groß war die industrielle und menschenmäßige Überlegenheit der Nordstaaten. Zudem hinderte die Kultur eines veralteten Männlichkeitsideals die Südstaaten an Aufbau und Taktik einer modernen Armee. Ihr Ideal war Napoleon, nicht Washington. Und schließlich: Die Südstaaten wollte eigentlich keinen Krieg, sie wollten nur in Ruhe ihre Plantagen betreiben, und dazu braucht man halt Sklaven. Ganz abgesehen davon, dass die Sklaverei bald weltweit abgeschafft und geächtet wurde, sodass auch dieser wirtschaftliche Vorteil der Sklavenstaaten bald verschwunden wäre.

Der überflüssige Krieg

Ein quora-Kommentator meinte: Der ganze Krieg war für die Südstaaten ohnedies überflüssig. Sie hätten ihre Ziele - Selbständigkeit, Verankerung der Sklaverei in der Verfassung - auch über die Gerichte erreichen können. Die waren damals, bis zum obersten Richter, von sehr Sklavenhalterfreundlichen Juristen besetzt. Es hätte ein bisschen gedauert, aber dann wäre die Welt der (weißen, im Süden siedelnden) Amerikaner so geworden, wie sie den Vorstellungen der Bewohner von Alabama, Tennessee, und den anderen verwandten Staaten vorschwebte: Plantagen voll Negersklaven, schöne Häuser für Weiße, edle Frauen (Weiße), Apartheit bis zum Ende.

Wikipedia sagt über den damaligen Obersten Richter ROGER B. TANEY:

Im Unterschied zu seinem Vorgänger Marshall, der mehr die Zentralgewalt des Bundes gefördert hatte, plädierte Taney oft zugunsten der Einzelstaaten der USA. Auf dem Gebiet der Sklavenhaltung allerdings vertrat er nicht das Prinzip der Souveränität der Einzelstaaten. Nach Taneys Auffassung hatten Einzelstaaten wie z. B. Pennsylvania nicht das Recht, die Rechte der Sklavenhalter einzuschränken. Taney fällte mehrere Urteile in diesem Sinne und trug im Vorfeld des Amerikanischen Bürgerkrieges zur Vertiefung der Gegensätze zwischen den Nord- und Südstaaten bei.

Und zu den Schwarzen (damals noch "Neger") meinte der Richter:

Zur Zeit der Verabschiedung der Verfassung seien sie als „Wesen niederer Art" und als vollkommen unfähig angesehen worden, mit der weißen Rasse auf gleicher Ebene zu verkehren; man hätte ihnen überhaupt keine schützenswerten Rechte zuerkannt. Dieses Verständnis der Verfassungsväter sei weiterhin bindend.

Der schweigende Staat

Aber gut. Nehmen wir, an, die Südstaaten hätten doch gewonnen. Was wäre dann aus den Yankees/Konföderierten geworden? Vermutlich ein armes, rückständiges, agrarisches Land, wie es in dem Sciencefiction-Roman "Der Große Süden" ("Bring the Jubilee") von WARD MOORE (1955) so treffend (und deprimierend) geschildert wird. Und was wäre aus den Negern geworden? (Ich bleibe bei dem Ausdruck, da er der damaligen Zeit entspricht.) Die amerikanische Sprachwissenschaftlerin und Sciencefiction-Autorin SUZETTE HADEN ELGIN hat in ihrer Erzählung "Schweig stille, Mund!" ("Hush My Mouth", 1986) eine Idee aufgegriffen, die schon Adolf Hitler kam, als er die germanische Rasse von giftigen Einflüssen fernhalten wollte: Siedelt doch die unerwünschten Untermenschen in einem eigenen Staat an. Hitler dachte an Madagaskar; als die Einwohner der Insel das ablehnten, griffen die Nazis zu Plan B (wie "Zyklon B"). Aber zurück zu den Südstaaten.

In Elgins Alternativwelt haben die Südstaaten zwar den Krieg gewonnen, weil Lincoln verabsäumt hatte, die Sklavenbefreiung zum Thema zu machen, sodass kein Neger am Krieg beteiligt war. Aber die Schwarzen erhalten einen eigenen Staat (Südstaaten + Mittelwesten) - und können nichts daraus machen. Grund: Sie können sich nicht auf eine gemeinsame Sprache einigen. Englisch, die Sprache der Unterdrücker, kommt nicht in Frage, und von den Hunderten afrikanischer Sprachen kriegt keine eine Mehrheit. So werden die Schwarzen zu "Schweigern", und jegliche Äußerung ist verboten.

Sehr eindrucksvoll, aber auch realistisch? Leider ja. Denn in Schwarzafrika gibt es etwa 2000 Sprachen, und diese Vielfalt verhindert eine gemeinsame Sprache, Kultur, Staatenbildung. Auch ohne den gewalttätigen Eingriff der Europäer hätten die Völker Schwarzafrikas die gleichen Probleme wie jetzt (und wie Europa im Jahre 1000), nur noch verstärkt: das Zugehörigkeitsgefühl endet an der Dorf-, spätestens an der Sprachgrenze; der Kontinent ist in Feudaltümer zersplittert; Endloskriege bis hin zu Völkermorden terrorisieren die Bevölkerung; kein Fortschritt, keine gemeinsame Unternehmungen, keine Zivilisation, keine Organisation, um die Welt zu befrieden und sich gegen Eindringlinge zu wehren.

In Elgins Erzählung mutieren die Bewohner dieses Staates schließlich zu Endlos-Schweigern, poetisch geschildert:

Dass es soweit kommen musste ... endlich konnten unsere Kinder ungehindert zur Schule gehen und lernen, damit dann jeweils vierzig in unterschiedlichen Schulen unterschiedliche Sprachen erlernten. Da redet man von Rassentrennung! Und unter unserer Herrschaft, in unseren Kirchen, Hochschulen und Pressehäusern, ja in unserem ganzen täglichen Leben mit all seinen Aufgaben sprechen wir nirgendwo eine afrikanische Sprache. Der Stolz lässt nicht zu, dass wir uns auf eine einigen. Nur im verhassten Englisch des Weißen Mannes sind wir in der Lage, dieses Land zu regieren, dessen eigentlicher Name der Name eines Weißen ist, weil unser Stolz nicht gestattete und nicht gestatten wird, dass wir uns auf einen Namen in einer unserer eigenen Sprachen einigen.

Und deshalb gibt es Schweigende.

Sie haben geschworen, <u>keinerlei</u> Sprache zu benutzen. Weder im geschriebenen, noch im gesprochenen Wort, auch keine Zeichensprache. Nur jenes absolute Minimum an Zeichen, die notwendig sind, wenn wir überleben wollen. Vier Zeichen pro Tag sind uns gestattet, wenn wir unserem Bruder oder unserer Schwester auf keine andere Art zu verstehen geben können, dass das Haus brennt, ein Stück Fleisch auf dem Tisch verdorben ist oder ein Kind zur Welt kommt. Und auch diese vier nur, wenn wir dazu gezwungen sind.

Wir werden schweigen. Darin besteht unser Gelübde. Bis zum Tode; oder bis unser Volk in der Lage sein wird, den Stolz abzulegen, der es auffrisst, und eine Sprache wählt, die keine Sprache eines weißen Mannes ist. Was immer zuerst eintreten mag.

Der Kaiser lächelt
Der Anschlag auf den Thronfolger Franz Ferdinand misslingt

Am 28. Juni 1914 besuchte der designierte österreichische Thronfolger, Erzherzog Franz Ferdinand, samt Gemahlin, die serbische Stadt Sarajewo, wo Mitglieder einer serbischen geheimen Terrororganisation namens "Schwarze Hand" mehrere Attentate vorbereitet hatten. Das erste - eine Bombe - ging daneben. Einer der Attentäter sollte die Bombe werfen, wusste aber nicht, in welchem Wagen das Opfer saß. Nach Befragung eines auskunftswilligen Polizisten fand er dann die richtige Kutsche und warf. Aber der Erzherzog ahnte wohl etwas und fing die Bombe mit seinem Arm ab, woraufhin sie im nächsten Wagen explodierte.

Ungerührt setzte die Entourage ihren (in aller Welt bekannten) Weg fort. Es wäre auch alles gut gegangen, hätte nicht einer der Wägen eine falsche Abzweigung genommen. So fuhr die Kolonne zufällig an einem Café vorbei, wo ein anderer Attentäter - die Namen spielen keine Rolle - auch auf eine Möglichkeit wartete. Weil das mühsam war, ließ er sich lieber zu einem "Verlängerten" nieder - wir sind in Österreich! Doch als dann der verhasste Thronfolger unmittelbar vor ihm auftaucht, zieht er doch seine Pistole und schießt, mit Erfolg. Der Rest ist Geschichte, nämlich die Geschichte zweier Weltkriege, die Europa und die ganze Welt wesentlich umgestalteten.

Bei so viel Inkompetenz auf beiden Seiten wundert man sich, dass es überhaupt so weit kommen konnte. Aber das war ja auch bei den

Anschlägen auf die New Yorker Zwillingstürme im Jahr 2001 der Fall. Der Unwille zur Zusammenarbeit aller 16 amerikanischen Geheimdienste überließ den arabischen Terroristen ungestört das Feld. So unverständlich war das Ganze, dass immer noch Verschwörungstheorien blühen, denn keine Regierung kann so blöd sein, so etwas zuzulassen. Kann sie doch. Aber zurück nach Sarajewo.

Bei all dem Durcheinander - hätte der Anschlag nicht verhindert werden oder einfach misslingen können? Und damit der Große Krieg? Und der Zweite Weltkrieg samt millionenfachem Elend und beinahe erfolgreichem Holocaust? Könnte gar die kaiserlich-königliche Monarchie in einem friedlichen Österreich weiter existieren und alle Völker unter einem wohlwollenden Herrscher vereinen?

Das Kaffeehaus-Idyll

Das zumindest unterstellt der österreichisch-deutsch-amerikanisch-jüdische Schriftsteller HANNES STEIN (* 1965), in seinem gemütlichen Alternativweltroman "Der Komet" (Galiani, Berlin 2013). Bei ihm geht das Attentat nach dem Bombenwurf so weiter:

Und dann hatte Franz II. (damals noch Erzherzog Franz Ferdinand) die gesamte Wagenkolonne wenden lassen - mit dem längst historisch gewordenen Ausspruch: "I bin doch ned deppat, i fohr wieder z'haus." (Für Reichsdeutsche: Ich bin doch nicht bescheuert, ich fahre wieder heim.) Zwei Jahre später: Thronbesteigung. Wirklich zum Kotzen, dachte André Malek. Keine Spur nobler Todesverachtung.

Österreich-Ungarn blüht und gedeiht, der Kaiser Franz Joseph II, regiert mit all seinen Titeln, die hier aufgezählt werden sollen, damit jeder weiß, was der Menschheit verloren gegangen ist:

Seine Kaiserliche und Königliche Majestät, Franzjoseph II., von Gottes Gnaden Kaiser von Österreich und König von Ungarn und Böhmen, von Dalmatien, Kroatien, Slawonien, beiden Galizien, Lodomerien und Illyrien; König von Jerusalem; Erzherzog von Österreich; Großherzog von Toskana und Krakau; Herzog von Lothringen, von Salzburg, Steyer, Kärnten, Krain und der Bukowina; Großfürst von Siebenbürgen, Markgraf von Mähren; Herzog von Ober- und

Niederschlesien, von Modena, Parma, Piacenza und Guastalla, von Auschwitz und Zator, von Tesemen, Friaul, Ragusa und Zara; Gefürsteter Graf von Habsburg und Tirol, von Kyburg, Görz und Gradisea; Fürst von Trient und Brixen; Markgraf von Ober- und Niederlausitz und in Istrien; Graf von Hohenems, Feldkirch, Bregenz, Sonnenberg; Herr von Triest, von Gattaro und auf der Windischen Mark; Großwoiwode der Woiwodschaft Serbien - also kürzer und genauso gut: Der Monarch frühstückte.

Die Misserfolge der Zeitpolizei

Ein ganz anderes Szenario entwirft der deutsche Historiker und Literat HANS-PETER VON PESCHKE. In dem Kapitel "Verhindern Sie den Ersten Weltkrieg! Warum Zeitkorrekturen oft fatal enden" in seinem Buch "Was wäre wenn" zeigt er drei mögliche Korrekturen des Weltgeschehens durch das 'Unternehmen Phönix', eine schlimmer als die andere. Das bekannte Attentat wird tatsächlich verhindert, doch ein anderer Funke bringt das politische Pulverfass von 1914 zur Explosion: Österreichische Extremisten demonstrieren vor der russischen Botschaft in Wien und verletzen dabei einen Legationsrat aus Sankt Petersburg. Moskau verlangt von Österreich eine Entschuldigung, was der Kaiser ablehnt, woraufhin der Zar seine Truppen in Bewegung setzt. Der Krieg beginnt, schlimmer als der wirkliche.

Zweiter Versuch: Man sollte den Schlieffenplan (die Armee walzt die französische Verteidigung nieder durch Einmarsch in Belgien) den Franzosen verraten. Das geschieht, wieder mit fatalen Folgen: Frankreich ist empört, greift Elsaß-Lothringen an, russische Truppen nehmen Ostpreußen ein. Österreich-Ungarn und England belieben neutral. Deutschland muss sich einem demütigenden Diktatfrieden beugen und wird 1933 vom österreichischen Bundeskanzler Adolf Hitler einverleibt. Der dritte Versuch verlängert den Großen Krieg (es gibt nur einen) auf 30 Jahre, und das ist dann das Ende von Europa, wie wir es kennen.

Der Zeitschleifen-Alptraum

Das Gegenteil dieser Frühstücksgemütlichkeit präsentiert der englisch-australische Autor und Komiker BEN ELTON (* 1959) in seinem

Alptraum-Roman "Time and Time Again" (Black Swan, London 2014). Die Geschichte ist alles andere als komisch. Der Held Hugh Stanton, Dozent an der Universität von Cambridge (Großbritannien) wird in ein sehr geheimes Projekt eingewiesen. Man fand Unterlagen von Isaac Newton, in der sich Berechnungen befinden, mit deren Hilfe man in das Jahr 1914 zurückreisen könnte. Die Dekane Cambridges haben sich diese Unterlagen näher angesehen und sind nach längeren Überlegungen zu dem Schluss gekommen, dass die Ermordung eines bestimmten Kronprinzen in dem fraglichen Jahr das Elend des 20. Jahrhunderts und alle seine Folgen für das 21. Jahrhundert nach sich gezogen hat. Deswegen soll Hugh in der Zeit zurück reisen und dort zunächst einmal Erzherzog Ferdinand und seine Frau vor zwei tödlichen Kugeln retten. Und dann soll er auch noch den gefährlichsten Mann an der Spitze eines europäischen Großreichs töten - Kaiser Wilhelm.

Was er dann tut, mit schrecklichen Folgen. Zwar gelingt das Attentat auf den Kaiser, trotz seltsamer Zwischenfälle - jemand versucht, ihn zu erschießen, was nicht sein kann, da niemand seinen Aufenthaltsort (auf einem Hausdach) kennen kann. Doch das aufgebrachte Volk gibt den Sozialdemokraten die Schuld - wegen Hugh, der einen entsprechenden Zettel hinterlassen hatte. Das kaisertreue Volk will Rosa Luxemburg lynchen, die Repräsentantin der Linken, der Roten, der Aufrührer, der Anarchisten. Unser Held rettet sie, was im Plan nicht vorgesehen war und zu unerwarteten Folgen führt. Denn die energische Dame verbündet sich mit einem energischen Herrn aus der Schweiz namens Lenin. Beiden zusammen gelingt die Etablierung einer kommunistischen Diktatur in Russland und Deutschland. Die nimmt immer schrecklichere Ausmaße an, mutiert zu einer Weltherrschaft der schlimmsten Gedankenpolizei und holocaustähnlicher Ausrottungen von "Staatsfeinden" - eben das, was in der Sowjetunion tatsächlich geschah, diesmal aber noch schlimmer, noch länger, weltweit.

Die Geschichtsmanipulatoren sehen ein, da muss etwas geschehen. So schicken sie eine Agentin in die Vergangenheit, die den Attentäter vor seinem Attentat erschießen soll - der seltsame Zwischenfall, dem Hugh nur knapp entkommt. Doch damit ist die Sache nicht zu Ende.

Denn nach einigen üblen Verwicklungen muss der Zeitreise-Attentäter erkennen, wie viele Personen versucht haben, die Manipulation der Geschichte vorzunehmen, die Manipulation zu ändern, diese Manipulation zu verhindern, die erste Manipulation wieder herzustellen, die zweite zu wiederholen, die fünfundzwanzigste ... ad infinitum.

Der Schluss ist ziemlich grauenhaft: Es gibt keinen Ausweg, das 20. Jahrhundert zerstört sich in ewigen Zeitschleifen selbst.

Der Zerfall der Monarchie

Abgesehen vom Ausbruch des Großen Kriegs hatten die Schüsse in Sarajewo noch eine andere Folge: den Zerfall der Donaumonarchie. Nicht schad drum, sagten damals die meisten, endlich sind wir dem "Völkerkerker" entkommen. Doch es war kein Kerker. Die Völker standen unter einer eher wohlwollenden Herrschaft, charakterisiert als "Absolutismus, gemildert durch Schlamperei". Kafka schrieb mit seinem "Prozess" einen Gruselroman, keine realistische Schilderung der österreichischen Bürokratie. Am besten in diesem unübersichtlichen Reich ging es den Juden, für deren Rechte sich der Kaiser auch persönlich einsetzte, und die dort vor russischen Pogromen und allgegenwärtigem Judenhass geschützt blieben.

Aus heutiger Sicht aber besonders bedeutsam: Die Europäische Union (EU) ist ein Gebilde ähnlich dem damaligen Österreich. Wäre es gelungen, den Vielvölkerstaat irgendwie zusammen zu halten, könnte die EU daraus lernen - oder Österreich wäre gar die Keimzelle eines europäischen Staatenverbunds geworden. Wüssten die Politiker der EU, woran Österreich scheiterte, könnten sie ähnliche Ursachen in der EU bekämpfen. Aber woran scheiterte denn die Monarchie?

Es gab in ihr zu viele Völker, Sprachen, Religionen und kulturelle Eigenheiten. Nicht nur das: Die nationalen oder sonstigen Einheiten (so, wie sie sich selbst verstanden), waren nicht auf bestimmte Territorien beschränkt. Sie durchdrangen einander geographisch, sodass der Nachbar zum Fremden wurde. Das muss kein Grund zum Missmut sein. Die vielen Völker der EU beispielsweise haben zwar jede Menge Probleme, zumindest die Sprachenvielfalt ist keines davon.

Schwerer wiegt schon die Sturheit des Kaisers, sich jeglicher Reform zu widersetzen. Zwar hielt der greise Herrscher das Reich zusammen - sein Konterfei hing in jeder Amtstuben, und von denen gab es viele - doch das Wichtigste war ihm: Alles bleibt beim Alten, und das in zweierlei Hinsicht: Alle Entscheidungen kamen vom Alten, also von ihm. Thronfolger, Mitglieder des Hofs, Minister, sie hatten wenig zu sagen. Reformen wurden abgeblockt, bis es zu spät war.

Und noch ein Grund, das Reich auseinander zu sprengen: der Name des Staatengebildes. Es gab einen feinen, für Außenstehende unbegreiflichen Unterschied zwischen "kaiserlich-königlich" und "kaiserlich *und* königlich". Die Feinheiten sollen uns nicht interessieren. Tatsache ist: Ungarn (der "königliche" Anteil) setzte durch, als gleichwertiger Partner der deutschsprachigen Österreicher akzeptiert zu werden, mit vielen Freiheiten und großer Selbständigkeit (von Kaiserin Sisi wohlwollend gefördert). Da sagten sich dann die anderen Länder/Völker/Regionen: Warum wir nicht auch? Seltsam. Die Probleme, die Österreich mit Ungarn hatte, tauchen in etwas anderer Form schon wieder auf, in der EU ...

Welt ohne Krieg

Lassen wir zuletzt Alexander Demandt zu Wort kommen, der sich die meisten Gedanken über "was wäre, wenn" in der Geschichte gemacht hat:

Darum wird die Frage nie einschlafen, ob und wie jener Krieg zu vermeiden gewesen wäre. Das hätte titanische Anstrengungen erfordert, sie zu rekonstruieren überschreitet die hier gestellte Aufgabe. Immerhin sei auch des Lohnes gedacht. Hätte Vernunft gewaltet, so entfiele mit dem Ersten auch der Zweite Weltkrieg. Die Kolonien hätten sich unter europäischer Patenschaft modernisieren und emanzipieren können. Aus Österreich-Ungarn wäre vielleicht ein Commonwealth geworden. Russland hätte eine konstitutionelle Monarchie. Deutscher Kaiser wäre Louis Ferdinand, und der 9. November wäre schulfrei wegen Kaisers Geburtstag.

Hitler-Szenarien

Was wäre gewesen, hätte Hitler ... und dann folgen viele wenns und danns. Immerhin: Das 12-jährige Reich hat Europa geprägt wie keine andere Herrschaft. Die Nachwirkungen sind immer noch zu spüren, durchaus auch im Guten. So etwas wie damals wollen wir nie wieder erleben. Diese Einstellung prägte auch die Gründung der Europäischen Union.

Wie aber sähe Europa und vielleicht die ganze Welt aus, wäre die deutsche Armee siegreich geblieben? Könnten Sie dann dieses Buch überhaupt lesen? Hier also einige Szenarien, von Hitlers frühem Tod bis zum Europa unterm Hakenkreuz.

Hitler stirbt 1930: Weimarer Verhältnisse

An einem schönen Sommertag des Jahres 1930 fuhren Hitler, sein Stellvertreter Hess und sein Wirtschaftsberater Wagener von der Besichtigung des Luitpoldhains am Stadtrand von Nürnberg nach Hause. Kurz vor 11 Uhr stieß ihr Wagen an einer Kreuzung mit einem schweren Lastzug der Marke "Magirus Deutz" zusammen. Der Lastwagen erfasste die Limousine von rechts und schob sie fast zwanzig Meter weit über die breite Kreuzung bis an den äussersten Rand der Straße; er kam just in dem Augenblick zum Stehen, als die beiden linken Räder des Autos seitlich an den Bordstein stießen. Wäre der Lastzug hier nicht zum Stillstand gekommen, hätte er den Wagen mit den wertvollen Insassen höchstwahrscheinlich umgeworfen und überrollt, und die Personen, darunter Hitler, wären gestorben oder zumindest schwerverletzt dem politischen Wirken entzogen worden.

Damals entschieden ein paar Zentimeter über das Schicksal Europas und der ganzen Welt. Was wäre geschehen, hätte Hitler den Unfall nicht überlebt? Mit dieser Frage hat sich ausführlich der Historiker HENRY ASHBY TURNER (1932-2008) auseinander gesetzt und ein paar kontrafaktische (und nicht gerade erfreuliche) Szenarien entworfen. Vor allem denkt er über die Rolle seines Heimatlandes USA nach:

Ohne Hitler und seinen Krieg wären die USA ein viel provinzielleres Land, viel unwissender und gleichgültiger gegenüber dem, was in der übrigen Welt vorgeht. Reisen ins Ausland waren vor dem Zweiten Weltkrieg schon aus Kostengründen das Privileg einiger weniger. In den etwas mehr als vier Jahrzehnten seit Kriegsende jedoch sind Millionen von Amerikanern, die sonst wohl nie einen Fuß auf einen anderen Kontinent gesetzt hätten, auf Staatskosten in ziviler oder militärischer Mission ins Ausland entsandt worden.

Ähnliches gilt für die Sowjetunion:

Das Erlebnis des nach fast vier Kriegsjahren errungenen Sieges verschaffte dem Regime bei den sowjetischen Massen einen ungeheuren Loyalitätsbonus. Ohne diese Loyalität aber wäre es den Machthabern wohl nicht möglich gewesen, die Unzufriedenheit der Bevölkerung über die Unfähigkeit des Staates, seine Bürger ihren Bedürfnissen gemäß zu versorgen, so lange im Zaum zu halten. Eine Bewegung in der Art der heutigen Perestroika hätte vielleicht wesentlich früher einsetzen können, mit dem Ergebnis, dass die Sowjetunion heute politisch und wirtschaftlich viel besser dastünde.

Und Deutschland? Erst mal schöne Aussichten:

In einer eurozentrisch orientierten Welt, der Hitler und sein Krieg erspart geblieben wären, nähme das Deutsche Reich den Rang einer Großmacht ein. Es wäre sowohl der geographischen Ausdehnung als auch der Bevölkerungszahl nach die dominierende europäische Macht westlich der Sowjetunion. Seine Wirtschaftskraft würde die der Sowjetunion übertreffen; aber auch kulturell würde Deutschland in dem Teil des Kontinents, den man etwas unbestimmt als Mitteleuropa bezeichnet, eine dominierende Rolle spielen.

Berlin, Frankfurt, München und andere deutsche Städte würden durch zahllose Fäden eng mit Städten wie Wien, Prag und Budapest verbunden. Jenseits dieser gleichsam mitteleuropäischen würde sich eine weitere Einflusssphäre anschließen, insbesondere nach Osten in die Balkan- und baltischen Länder hinein. In Belgrad, Krakau, Lemberg und Preßburg, in Riga, Tallinn, Wilna und Warschau wäre deutsch die Linguafranca, die Handels- und Verkehrssprache.

Deutsch war bis vor Hitler das gleiche wie zuvor Latein: die Sprache der Wissenschaftler. Das wäre so geblieben:

Wäre Hitler im Sommer 1930 gestorben, so wären die Universitäten und Forschungsstätten Deutschlands bis heute Wallfahrtsstätten für Studenten aus aller Welt geblieben. Die deutschen Geisteswissenschaften wären noch heute weltweit wegweisend, und in der naturwissenschaftlichen Forschung und in der technischen Entwicklung stünde Deutschland nach wie vor mit an der Spitze. Überall auf der Welt müssten Studenten vieler Fachrichtungen die deutsche Sprache lernen; die ersten Menschen im Weltraum und auf dem Mond wären wahrscheinlich Deutsche gewesen.

Doch Turner sieht auch das Unerfreuliche:

Ohne nennenswerte Fortschritte in Richtung auf ein vereintes Europa wären die Deutschen wohl nach wie vor von engstirnigem Nationalismus und Fremdenfeindlichkeit beseelt und ihre Nachbarn desgleichen. Die Bürger des Reiches müssten sich mit einer hohen Steuerlast abfinden, da die Aufrechterhaltung des Militärapparats einer Großmacht viel Geld verschlingen würde. Gäbe es eine ungebrochene deutsch-jüdische Tradition, gäbe es natürlich auch sehr viel mehr Antisemiten. Es fände sich im deutschen Volk wesentlich mehr Bigotterie als heute, und sie würde sich auf sehr viel schamlosere Weise Ausdruck verschaffen. Den Deutschen würde es in diesem Fall an dem geschärften politischen Moralempfinden mangeln, das bei ihnen unter dem Eindruck der Verbrechen des Dritten Reiches entstand.

Deutschland würde in ähnliche Provinzialität versinken wie die USA. Denn:

Ohne den Abscheu gegen das Dritte Reich wäre es nicht denkbar gewesen, dass eine ganze Generation von Deutschen die Lieder des Zupfgeigenhansl gegen die Platten von Glenn Miller und Louis Armstrong eintauschte. Der überkommenen Engstirnigkeit wirkte auch die demographische Untermischung entgegen, die im Gefolge des Krieges eintrat, als rund zwölf Millionen aus ihren Wohngebieten im Osten vertriebene Deutsche in ein Bevölkerungsgefüge integriert werden mussten, das bis dahin aus relativ homogenen, nach Stämmen gegliederten, im Innern traditionsgebundenen und nach außen abgeschotteten Volksgruppen bestanden hatte.

Und: *Ohne Hitler wären auf der politischen Bühne Deutschlands sowohl die rechts- als auch die linksradikalen Kräfte, die heute so gründlich ausgespielt haben, noch vertreten. ... Militante Linke auf der einen und unversöhnliche Reaktionäre und Rechtsradikale auf der anderen Seite hätten der gemäßigten, liberalen Demokratie das Leben schwergemacht.*

Turner schrieb sein Essay vor der Wiedervereinigung, vor Aufkommen von AfD, Pegida, Querdenkern. Ob Weimar wieder kommt? Besteht Geschichte tatsächlich aus untergründigen Strömungen, die durch Winde und Stürme an der Oberfläche verändert, gehemmt, beschleunigt, teilweise sogar umgeleitet werden können, letztenendes aber dann doch wieder die vorbestimmte Fahrt aufnehmen?

Optimistischer sieht die Sache ALEXANDER DEMANDT:

Nach einem frühen Tod Hitlers wäre einem Gregor Strasser oder einem Hermann Göring die Machtergreifung kaum gelungen. Vielmehr hätte sich das autoritäre Präsidialregime im Einvernehmen mit der Reichswehr unter Schleicher und anderen rechtsgerichteten Kräften gefestigt und die Gefahr einer Sowjetisierung Deutschlands abgewehrt. Eine Rückkehr zum Parlamentarismus der Weimarer Zeit wäre vorerst kaum erfolgt.

Autoritäre Systeme und Tendenzen, die sich sowohl gegen den östlichen Sozialismus als auch gegen den westlichen Kapitalismus wandten, waren ja weit verbreitet, denken wir an Italien und Spanien, an die Türkei und Rumänien, an Ungarn und Polen. Ein auch ohne Hitler anzunehmender Aufschwung Deutschlands nach der Weltwirtschaftskrise in den dreißiger Jahren hätte eine allmähliche Rückkehr von der Präsidialdiktatur zu bürgerlich-demokratischen Verhältnissen erlaubt.

Hitler stirbt 1937: Würdigung eines großen Staatsmannes

Nach den Olympischen Spielen 1936 und vor der Zerstörung der Synagogen 1938 war Hitlers Ansehen auf dem Höhepunkt. Zwar waren Charakter und Ziele auch damals schon klar, doch wie heißt es so schön? Wer sehen kann, der sehe. Die Welt wollte aber nicht sehen. Mit den Spielen in Berlin hatte sich der Führer des deutschen Volkes als völkerversöhnenden Staatsmann dargestellt. Es durften sogar Juden und "Neger" auftreten, allerdings nur nach einem Ultimatum des olympischen Komitees. Aber das muss man ja nicht an die große Glocke hängen.

Stellen wir uns vor, Hitler wäre in dieser Zeit von der Weltbühne abgetreten - tödlich verunglückt, an einem erfolgreichen Attentat zugrunde gegangen, an einem Herzinfarkt verschieden. Zurückgetreten wird er wohl kaum sein. Jedenfalls wären zu seinem Begräbnis - wie schon zu den olympischen Spielen - die Staatsmänner aus aller Welt gekommen, um sich von ihm zu verabschieden, um ihn zu würdigen, um ihm die letzte Ehre zu erweisen. Eine Abschiedsrede hätte vielleicht so geklungen, wobei ich am Ende noch einige Hinweise über Inhalt und Zitate geben werde. Ihr Trauergäste, erhebt euch lasst, euch erheben!

Meine Damen und Herren an den Fernsehgeräten, liebe Trauergäste, hochverehrte Staatsoberhäupter, Könige, Fürsten und Parteisekretäre!

Wir haben uns hier versammelt, in der Stadt des Führers, um Ihm die letzte Ehre zu geben. Niemand unter den Anwesenden, niemand unter den Millionen Zuschauern in aller Welt, wird bezweifeln, dass wir heute einen der großen Staatsmänner unseres Jahrhunderts, ja der gesamten Geschichte Deutschlands, zu Grabe tragen. Sein Tod ist ebenso tragisch wie unvorhergesehen; er hinterlässt eine Lücke, nicht nur im Gefüge des Weltgeschehens, auch in den Herzen seiner unzähligen Bewunderer, die niemals geschlossen werden kann.

Es widerspräche seiner Bescheidenheit, wollte man all seine Verdienste für das Deutsche Volk, für die Völkerverständigung, für den Wiederaufbau eines gebrochenen Landes, und nicht zuletzt für den Weltfrieden aufzuzählen versuchen. Ich will es dennoch tun, damit nichts in Vergessenheit gerät, damit vor allem die Nachwelt ein korrektes Bild dieses großen Mannes im Gedächtnis behalten wird.

Wie wir alle wissen, kam Adolf Hitler aus bescheidenen Verhältnissen. Sein Vater brachte ihm jene Disziplin bei, die ihn dazu ermächtigte, seine Wahlheimat Deutschland aus dem Sumpf der Armut zu erheben. Seine Mutter liebte ihn über alles, er hat sie nie vergessen und immer für sie gesorgt, auch damals, als es ihm so schlecht ging in der Stadt der vielen Völker. Dort versuchte er, die Öffentlichkeit mit seinen unzweifelhaft vorhandenen malerischen und architektonischen Talenten bekannt zu machen. Doch das gemeine Volk und die snobistischen Akademiker verstanden ihn nicht, sodass er frustriert und ohne die erhofften Erfolge nach Deutschland zog, wo er Heroisches im Großen Krieg leistete und dafür auch ausgezeichnet wurde.

Aber der Führer, als den wir ihn heute alle kennen, wollte kein einfacher Soldat bleiben und schon gar nicht als Rentner sein Dasein beschließen. So schloss er sich einer politischen Partei an, die es sich zur Aufgabe gestellt hatte, die Vielzahl überflüssiger Parteien und einander bekämpfender durch eine einzige zu ersetzen, welche die Interessen des gesamten Deutschen Volkes, ja aller Stände, Gruppen und Hierarchien repräsentieren sollte. Auch das ist ihm gelungen, und seit er als Reichskanzler und seine Partei als Dienerin des Volkes mit Erfolg die Armut und Gespaltenheit vertrieben haben, ist er ein hoch angesehener Führer im besten Sinne des Wortes, eine anerkannte Persönlichkeit auch in der internationalen Politik.

Natürlich lag dem Führer der Friede immer sehr am Herzen. Einen Krieg wie 1914 sollte es nie mehr geben. Dass er dabei selbst eine Armee auf die Beine stellte, ist kein Widerspruch dazu. Schon die alten Römer wussten: Si vis pacem, paar bellum. Etwas salopp übersetzt: Ohne Soldaten kein Friede. Natürlich dienen diese nur der Verteidigung gegen äußere Feinde, die leider immer noch vorhanden sind, Neider, Missgönner, Habenichtse.

Die Deutschen sind dank ihm wieder ein mächtiges, geachtetes Volk geworden, das in der Welt eine entscheidende Rolle spielt. Dieser gewaltige Umschwung vollzog sich ohne größere Störungen dank der Genialität dieses Führers, eine in der Geschichte noch nicht dagewesene Erscheinung. So präsentiert sich Deutschland heute als starker Hort des Friedens.

Um seine Friedfertigkeit sowie seinen Willen zur Völkerverständigung zu demonstrieren, lud der Führer voriges Jahr die ganze Welt zu einem friedlichen Wettstreit ein. Alle Nationen, Volksgruppen und Rassen sollten gemeinsam, fair und sportlich unter dem Dach seiner Schirmherrschaft die besten Sportler küren, wie im alten Griechenland, da zu dieser Zeit, also zu den Olympischen Spielen, allgemeiner Frieden herrschte. Mit 49 teilnehmenden Nationen und 3961 Athleten aller Religionsbekenntnisse und Rassen stellten diese Olympischen Spiele in Berlin einen neuen Teilnehmerrekord sowie einen neuen Besucherrekord auf. Erstmals fand ein olympischer Fackellauf statt, und die schönsten Wettkämpfe wurden stilvoll gefilmt und auch im Fernsehen übertragen.

Nun soll auch den hässlichen Verleumdungen entgegen getreten werden, der Führer hätte rassistische Ideen und benachteilige gewisse Volksgruppen und politische Parteien. Nichts könnte ihm ferner liegen, und es gibt genügend Beweise für seine Großzügigkeit und Toleranz. Vergessen wir nicht:

- Der erfolgreichste Teilnehmer dieser Spiele war Jesse Owens, ein Neger aus den Südstaaten der USA. Owen errang vier Goldmedaillen und wurde vom Führer persönlich empfangen. Später sagte er der Presse, er sei von diesem "großartigen Deutschen" mit mehr Höflichkeit und Respekt behandelt worden als je in seiner Heimat Amerika. Dazu Owens selbst: "Hitler hat mich nicht brüskiert, sondern Franklin D. Roosevelt. Der Präsident hat mir nicht einmal ein Telegramm geschickt."

- Theodor Lewald, der Präsident des Organisationskomitees, war Halbjude. Dennoch konnte er seine Ideen und Wünsche anstandslos durchsetzen.

- Die Fechterin Helene Mayer, ebenfalls Halbjüdin, gewann eine Silbermedaille.

- Werner Seelenbinder, der mehrfache deutsche Meister im Ringen, war Kommunist.

- Sven Hedin, der berühmte Expeditionsleiter und Welterforscher, hielt an den Spielen eine bewegende Ansprache. Ich bat ihn um eine Würdigung des großen Führers, den er immer bewunderte und verehrte. Mit seinen Worten will ich meine Rede beschließen:

Heute bewahre ich eine tiefe und unauslöschliche Erinnerung an Adolf Hitler und betrachte ihn als einen der größten Menschen, den die Weltgeschichte besessen hat. Die Vorsehung gestattete ihm leider nur ein kurzes Leben, nur ein kurzes Wirken für sein Volk. Nun ist er tot. Aber sein Werk wird weiterleben. Er verwandelte Deutschland wieder in das, was es verdient: in eine Weltmacht.

Winston Churchill. Ins Deutsche übertragen (und geringfügig redigiert) von Dr. Joseph Goebbels.

Makaber, unangebracht, naziverherrlichend? Vielleicht. Doch die Idee zu diesem Nachruf stammt von dem Historiker JOACHIM FEST. In seiner Hitler-Biographie (1973) meint er: Wäre Hitler 1938 gestorben, hätte man ihn als einen der größten deutschen Staatsmänner, vielleicht als Vollender der deutschen Einheit betrachtet. Ähnlich argumentiert Alexander Demandt. Jesse Owen wurde tatsächlich in Deutschland besser behandelt als in seiner Heimat. Das Zitat über die Deutschen als mächtiges und geachtetes Volk stammt von Panzergeneral Rudolf Schmidt (November 1937). Und das Zitat von Sven Hedin ist echt - es stammt aus dem Jahr 1945, nach dem Krieg!

Hitler stirbt 1944:
Sowjet-Deutschland oder Atomwüste?

Am 20. Juli 1944 deponierte CLAUS SCHENK GRAF VON STAUFFENBERG (1907-1944) eine von zwei Bomben in einer Aktentasche unter dem Besprechungstisch in der "Wolfschanze" bei Rastenburg in Ostpreußen. Infolge einiger glücklicher (für Hitler) bzw. unglücklicher (für den Rest der Welt) Umstände explodierte die Bombe nicht neben oder unter Hitler, sondern am anderen Ende des Raums. Der Führer war durch den schweren Eichentisch geschützt, und die Wirkung der Bombe verpuffte im Holzbau mit den geöffneten Fenstern.

Was wäre geschehen:

- wären die Verschwörer bei der Vorbereitung nicht gestört worden, sodass nur *eine* Bombe geschärft und deponiert werden konnte;

- hätte Hitler die Sitzung nicht um eine halbe Stunde vorverlegt;

- hätte nicht ein Mitarbeiter des Stabs die Aktentasche weggestellt, weil sie ihn störte;

- oder hätte Stauffenberg so gehandelt wie ein arabischer Selbstmordattentäter und wäre im Raum geblieben?

Das hätte zweifellos den Tod des Führers bedeutet. Aber: Wäre dadurch das letzte schreckliche Jahr dieses ohnedies so schrecklichen Kriegs der Welt erspart geblieben?

Spekulationen dazu sind erstaunlich schwierig, doch die meisten Historiker sind sich einig: Auch ein gelungenes Attentat hätte die Männer um Stauffenberg nicht an die Macht gebracht. Denn die Verschwörer besaßen keine Organisation im Hintergrund, keine Unterstützung von innen, keine von außen, schon gar keine durch das Volk, das ohnedies schon lange nicht mehr gefragt wurde und sich in sein Schicksal ergeben hatte. Sie wären genauso ausgeschaltet, also hingerichtet worden wie in Wirklichkeit. Und dann?

Der Zug für Verhandlungen war seit der Konferenz in Casablanca 1943 abgefahren. Dort war von den Alliierten beschlossen worden, nur die bedingungslose Kapitulation Deutschlands zu akzeptieren - eine Aussicht, der niemand ohne weiteres nachkommen konnte. Der weitere Weg der Geschichte hängt also davon ab, wer die Macht nach dem Tod des übermächtigen Führers ergriffen hätte.

Vorgesehen dafür war HERMANN GÖRING (193-1946). Der hatte zwar nicht viel Autorität und keine schlagkräftige Organisation hinter sich, war aber wenigstens sichtbar und auch beim Volk am wenigsten unbeliebt. Im Volksmund wurde er "Lametta-Heini" genannt, wegen der vielen Orden, die er immer gerne zur Schau stellte. In den Holocaust war er aktiv genauso verwickelt wie all die anderen, was er sogar selbst bei seinem Prozess in Nürnberg zugab. An einem Krieg war er insofern interessiert, als er durch ihn an seine geliebten Kunstwerke kam. Seine wahren Interessen aber lagen im Kunstraub und in der Jagd. Da er schon genügend Gemälde, Statuen und Schmuckstücke besaß, hätte er sich wohl am liebsten auf seine Landgüter zurückgezogen, dort seine Kunstwerke katalogisiert und in den Wäldern Hirsche abgeknallt.

Den Krieg beenden konnte er aber nicht so schnell. Da wäre die Entdeckung der Gräueltaten in den Konzentrationslagern doch ein wenig peinlich gewesen, wenn schon nicht ihm (er konnte sich immer irgendwie herausreden), dann den Neidern seiner Macht. Vermutlich wäre es nach einiger Zeit zu einem Machtkampf gekommen, den wohl die SS unter Himmler gewonnen hätte. Göring oder irgendein anderer hätte dann das machtlose Staatsoberhaupt abgegeben. Höchstwahrscheinlich hätte sich die neue Leitung auch entschlossen, den Zweifrontenkrieg aufzugeben und mit einer Seite Frieden zu schließen - wenn die denn wollte.

Das wäre nicht so einfach gewesen in der Mitte des Jahres 1944. Die Sowjets brannten auf Rache an den Gräueltaten der Nazi-Eroberer - zu Recht. Sie sahen eine gute Gelegenheit, ihren Machtbereich zu erweitern, und sie wären wahrscheinlich weiter marschiert. Die USA hatten gerade ihre Militärmaschine angekurbelt, und dabei, wie sich allerdings erst nach dem Krieg herausstellte, die letzten Reste der Wirtschafts-Depression der Dreißigerjahre überwunden und den heute gewohnten Wohlstand erreicht. Ein weit blickender Politiker wie Roosevelt hat das vermutlich geahnt, so wie er auch die Gefahren der Nazi-Ideologie erkannte, und sicher den nun mal begonnenen Krieg nicht abgebrochen. Die Briten unter Churchill wollten ihr Weltreich erhalten und den Rivalen Deutschland ein- für allemal ausschalten. Mit den USA hatten sie endlich einen Verbündeten, dieses Ziel zu erreichen. Schlechte Aussichten für einen Frieden.

Am ehesten wäre wohl Stalin bereit gewesen, den Friedenspakt von 1939 zu erneuern, natürlich um einen nicht unerheblichen Preis: Gewinn von Territorium, Teilung Polens, Sowjetisierung Deutschlands. All das hätte den Machthabern in Berlin durchaus Vorteile gebracht. Zusammen mit den Sowjets hätten SS, Wehrmacht und die übrigen Mordmaschinen die polnische Intelligenz weiter ausgerottet und die Vernichtungslager dem Erdboden gleichgemacht (samt allen nichtarischen Insassen). Goebbels hätte die Idee einer Art Sowjet-Herrschaft in Deutschland gut verkaufen können. Schließlich war er selbst ein ziemlicher "Linker" gewesen, bevor er sich bedingungslos dem Führer unterwarf. Wie einfach der Ersatz der Nazi-Ideologie durch eine sowjetische war, zeigte das Beispiel DDR.

Zusammen mit den Sowjets hätten die Deutschen die Alliierten vertrieben. Ein Großteil Europas wäre unter deutsch-sowjetische Herrschaft gekommen. Dass die Alliierten den Krieg fortgesetzt hätten, ist eher unwahrscheinlich. Dabei wäre es auf Roosevelt angekommen, doch sein Nachfolger hätte den Krieg sicher beendet. Zumal es dann auch keinen Grund gab, Deutschland um jeden Preis besiegen zu müssen - Hitler war ja weg, seine Nachfolger zeigten sich als Wölfe, die Kreide gefressen hatten.

Die andere Variante - die Deutschen schlossen Frieden mit den Alliierten und kämpften weiter gegen die Sowjetunion - hätte wenig Chancen gehabt. Churchill wäre vielleicht dafür gewesen; es ist nicht sicher, wen er mehr hasste, die Nazis oder die Kommunisten. Doch Roosevelt hätte die Unterstützung der Sowjetunion nicht von heute auf morgen aufgegeben; ja, er brauchte sie sogar im Kampf gegen Japan. Also bleibt ein volkseigenes Europa mit den Unterdrückungsmechanismen, die beide Diktatoren so wunderbar erschaffen und ausgebaut hatten.

Und dann gibt es noch die dritte Variante, sehr anschaulich geschildert in dem höchst empfehlenswerten Alternativweltenroman "Der 21. Juli" des Historikers CHRISTIAN V. DITFURTH. Ohne des Führers Absolutismus und ohne seinen Vernichtungswillen beschließen die Militärs, da sie mit keiner Kriegspartei Frieden schließen können, das Kriegsende so lange hinaus zu zögern, bis ein halbwegs akzeptabler Abschluss zustande kommt. Was bedeutet: Der Krieg zieht sich hin, sicherlich bis in den August hinein. Zu dieser Zeit aber haben die Amerikaner zwei Atombomben, und es besteht kein Zwang, diese auf Japan abzuwerfen. Auch in Deutschland gibt es Städte, die endlich ausradiert gehören. So vernichten die USA zwei deutsche Ortschaften und verwandeln die Umgebung in eine radioaktive Wüste. Ditfurth findet eine noch üblere Variante: Die Nazis geben endlich die Entwicklung sinnloser Waffen auf - besonders die wenig effizienten Raketen eines Wernher von Braun - und konzentrieren sich ganz auf die Entwicklung einer Uranbombe. Wenn die Nazis eine Atombombe haben, kann man davon ausgehen, dass sie mit ihrem Abwurf nicht lange zögern. Und dadurch, dass nicht Heisenberg das Projekt leitet, sondern sein früherer Untergebener Kurt Diebner, steigt sogar die Wahrscheinlichkeit eines Erfolgs.

Manchmal hat ein schreckliches Unglück langfristig erfreuliche Folgen ...

Hitler triumphiert
Hätte er?

Bei meinen Recherchen zu diesem Kapitel packte mich echter Schrecken: Wir sind, in Bezug auf Hitlers Niederlage, mit viel Glück gerade noch an seinem Endsieg vorbeigeschrammt. Wie nahe Hitler dem Sieg der Gewalt war, ergibt sich aus der Betrachtung wichtiger Stationen auf dem Weg zum Endsieg, aus Begleitumständen und Charaktereigenschaften. Beginnen wir mit den Ereignissen.

Die Außenwelt

- In **England** regierte bei Ausbruch des Zweiten Weltkriegs der "Appeasement"-Politiker NEVILLE CHAMBERLAIN. Seine Devise: Nichts tun, was den Führer ärgern könnte. Erst als er durch WINSTON CHURCHILL ersetzt wurde, leistete Großbritannien energisch Widerstand, sehr zur Überraschung und zum Entsetzen Hitlers. Die Engländer waren schließlich die einzigen, die er, rassisch gesehen (und er sah alles unter diesem Aspekt), als halbwegs gleichwertig den echten (deutschen) Ariern betrachtete. Die Widerstände gegen Churchill waren gewaltig; wäre Chamberlain Premierminister geblieben, hätte England mit Deutschland einen Friedenspakt geschlossen. Stimmung dafür (und Personen, welche diese Stimmung verstärkten) gab es genug. Der Zweifrontenkrieg wäre entfallen, die USA hätten England nicht Beistand leisten können oder dürfen, Hitler hätte seinen Angriff auf die Sowjetunion ungestört durchführen können. Deutsche Städte wären von englischen Bomben verschont geblieben, die USA hätten keinen Brückenkopf in Deutschlands Nähe aufbauen können, die Produktion von Waffen in Deutschland wäre ungestört weiter gegangen.

- In **Amerika** regierte bei Ausbruch des Zweiten Weltkriegs der weitsichtige Präsident FRANKLIN D. ROOSEVELT. Als einer der wenigen wichtigen Staatsmänner erkannte er die Gefahr Hitlers auch für die USA. Hitlers Bomber kamen bis New York; Hitlers Anhänger waren zahlreich in den USA und noch zahlreicher in Lateinamerika. Die Gefahr, die vom Diktator Großdeutschlands ausging, war real. Das erkannte der Präsident, das interessierte das Volk aber nicht. Wäre England nicht angegriffen worden, um dann im Kriegszustand mit Deutschland zu verbleiben, Amerika hätte sich in keiner Weise in den Krieg einmischen können. Auch so waren Roosevelt die Hände gebunden, bis er sich den Trick ausdachte, Kriegsmaterial den Engländern zu "leihen". Da stimmte dann der Kongress zu. Die USA überwanden ihren Isolationismus aber erst nach dem Überfall der Japaner auf die Flugzeugbasis Pearl Harbour, und endgültig, nachdem Deutschland den USA den Krieg erklärt hatte.

- In **Russland** regierte JOSEF STALIN, ein Tyrann, der Hitler bewunderte und sich durch den Freundschaftspakt zwischen den beiden Ländern sicher fühlte. Als ihm Beobachter meldeten, Hitlers Armee stünde vor Moskau, weigerte er sich, diese Tatsache anzuerkennen. Wie in alten Zeiten üblich, ließ er die Boten einsperren und blieb in seiner Traumwelt. Doch als die Realität nicht länger zu verleugnen war, flüchtete Stalin in seine Datscha, wo er sich vergrub. Das Politbüro holte ihn zurück - es hätte ihn auch verhaften können, was er selbst erwartete oder im umgekehrten Fall getan hätte. Danach wurde er zu einem ebenso erfolgreichen wie unerbittlichen moralischen Führer der Sowjetvölker.

Aber womit sollte er sein Land verteidigen? Seine Offiziere und Generäle hatte er alle zuvor erschießen lassen, aus Angst, sie könnten gegen ihn putschen. Er stand sozusagen, kriegstechnisch gesehen, mit leeren Händen da. Was ihn rettete, war sein Spion Richard Sorge, der ihm meldete, die Japaner würden derzeit nicht in Russland einfallen. So konnte Stalin Truppen aus dem fernen Osten, vor allem aus Sibirien heranziehen, die dann den Ausschlag in den Kämpfen gaben. Denn diese Truppen waren erholt und kälte-resistent. Wäre Sorges Nachricht nicht gerade in dem Augenblick gekommen, die

Sowjettruppen wären zumindest am Anfang entscheidend geschlagen worden, möglicherweise mit fatalem Ausgang für das gesamte Kriegsgeschehen.

- Die **Invasion der Alliierten in der Normandie** hing an einem seidenen Faden. Noch war der Krieg für Hitler nicht verloren, denn die Landung der alliierten Truppen stand unter keinem guten Stern. Tatsächlich sagte der englische Meteorologe nur einen halben Tag ohne Sturm und Wellen voraus, wobei er sich keineswegs auf Computerberechnungen stützte (die gab es noch nicht), sondern allein auf seine Intuition. Der Oberbefehlshaber der Invasionstruppen, General Eisenhower zögerte. Er wusste: Wenn das schief geht, würde er entlassen; zudem trug er dann auch die Verantwortung für Hunderttausende gefallener Soldaten. Und der nächstmögliche Invasionstermin war in einem halben Jahr oder später - zu spät zum Eingreifen. Eisenhower ging das Risiko ein, der Meteorloge hatte recht behalten, alles ging gut. Der Zweifrontenkrieg zermürbte Hitler vollends, das tausendjährige Reich war nach zwölf Jahren zu Ende. Deutschland verlor den Osten an die Sowjets, der Westen aber blieb Amerikanern, Briten und Franzosen. Um ein Haar wäre es anders gekommen.

Die Innenwelt

Viel entscheidender indes, dass es zum Sieg nicht reichte, waren interne Umstände, oder, um es deutlicher zu sagen: Hitlers Charakter. Zwei Eigenschaften behinderten ihn besonders: (1) seine Treue gegenüber alten Kämpfern, und (2) seine Ablehnung von Männern, die besser waren als er. Zwei Männer wurden ihm zum Schicksal, ohne dass dies nötig gewesen wäre. Dem einen vertraute er, obwohl der immer versagte. Dem anderen misstraute er, obwohl der immer Erfolg hatte.

Die beiden Männer: Panzergeneral HEINZ GUDERIAN (1888-1954), einer, der unbeeinflusst von Ideologien (außer "Deutschland über alles") immer wusste, was der Fall war (*Die Russen haben viel mehr*

Panzer als gedacht), was geboten war (*Rasch auf Moskau marschieren, ohne Umwege*), und was gefährlich war (*abwarten*); und Luftwaffenchef HERMANN GÖRING (1893-1946), ein morphiumabhängiges Großmaul, das viel versprach und nichts hielt. Hier die drei Ereignisse, die wesentlich zu Hitlers Niederlage im Krieg führten, und die mit diesen Männern zu tun hatten:

- **Dünnkirchen.** Der Vormarsch der deutschen Armee war unaufhaltsam, der Sieg über die englischen Soldaten, ihre Gefangennahme und die Konfiszierung ihres Armeebestands unausweichlich. Da befahl Hitler zu halten. Guderian, der kommandierende General, missachtete den Befehl seines Führers und marschierte weiter. Hitler gab nochmals den Befehl zum Halten, und diesmal gehorchte der General. So konnten die Engländer entkommen. Wären sie vernichtet worden, hätte Churchill möglicherweise zurücktreten müssen, und damit wäre England besiegt gewesen. Hitler hätte einen Zweifrontenkrieg vermieden, die Amerikaner wären draußen vor geblieben, der Sieg im Osten wäre ihm gewiss gewesen.

Warum dann diese Verzögerung? Historiker streiten über die Gründe, doch am wahrscheinlichsten scheint wieder der (direkte oder indirekte) Einfluss der beiden Männer zu sein: Hitler wollte keinerlei Eigenständigkeit seiner Generäle, schließlich war er ja der GRÖFAZ ("größter Feldherr aller Zeiten"). Und so musste er seinem aufmüpfigen General zeigen, wer der Boss ist. Ab da hat auch keiner der Generäle je wieder eigenmächtig gehandelt - was zum Untergang der sechsten Armee in Stalingrad führte. Und Göring hatte ihm versprochen, England mit der Luftwaffe in die Knie zu zwingen, was bekanntlich nicht gelang. Hitler fürchtete Guderian und glaubte Göring. Der hatte Hitler versichert: "*Das ist eine glänzende Aufgabe für die Luftwaffe.*" Und: "Meine Bomberpiloten werden die *Tommies* vernichten." Hitler könnte sich die Panzer für den Triumphzug nach Paris aufsparen, was dieser dann auch tat.

- **Marsch auf Moskau.** Alles sprach dafür, dass Moskau bald in deutsche Hände geraten würde. Die Führung der sowjetischen Armee war durch Stalins Säuberungen dezimiert. Stalin war in keiner Weise auf die Lage vorbereitet; diejenigen, die ihm den Vormarsch der

Deutschen meldeten, ließ er verhaften und deportieren. Als er vor den Tatsachen die Augen (vielmehr: die Ohren) nicht mehr verschließen konnte, flüchtete er auf seine Datscha und tat nichts.

Aber was tat Hitler? Statt direkt auf Moskau zu marschieren (auf Blitzkriege verstand sich der Führer), zögerte er, spaltete seine Arme auf, wollte erst ein paar wichtige Gebiete in der Ukraine in seine Hand bekommen. (Die militärischen Einzelheiten sind in jedem Geschichtswerk nachzulesen.) Das alles entgegen dem Rat von Guderian, der diese Zersplitterung der Kräfte sowie die Verzögerung des Angriffs auf die Hauptstadt der Sowjetunion für fatal hielt - zu Recht. Als dann Soldaten, Pferde und Panzer im Schlamm stecken blieben und sie in dem nun einbrechenden, überaus strengen Winter massenweise erfroren (oder die Panzer nicht mehr starten konnten, weil das Öl gefroren war), da empfahl Guderian den sofortigen Rückzug. Hitler tobte und entließ den aufmüpfigen General. Den Rest kennen wir.

- **Stalingrad**. Alle Historiker sind sich einig: Stalingrad war das Ende. Hätte Hitler dort nicht eine ganze Armee sinnlos verheizt, er hätte genug Soldaten gehabt, Moskau zu belagern oder andere Städte einzunehmen. Auch hier sind die meisten Historiker einer Meinung: Hätte die Stadt an der Wolga anders geheißen, wäre sie für Hitler uninteressant gewesen. Denn er wollte zu den Ölquellen in Baku, nicht an irgendeinem Fluss hängen bleiben. Dabei war der Führer durchaus bereit, die strategisch belanglose Stadt aufzugeben. Aber als ihm Göring versicherte, er könne die Kampfstätte mit seinen Flugzeugen versorgen (eine Illusion von Anfang an), bestand Hitler auf seinen üblichen Durchhalteparolen. Selbst da wäre noch was möglich gewesen: Ein anderer General als der unterwürfige Paulus wäre aus dem "Kessel von Stalingrad" ausgebrochen. Paulus blieb, kapitulierte und ließ der sowjetischen Armee freien Raum beim Marsch auf Berlin.

All das wäre nicht so schlimm gewesen, hätte Hitler nicht einen persönlichen Feind gehabt, der ihm übler mitspielte als alle äußeren Feinde: sich selbst. Um das zu verstehen, müssen wir auf seinen Charakter eingehen, der im übrigen eher einfach zu durchschauen und erklären ist. Da Hitler für den Krieg lebte und nur in ihm erfolgreich sein konnte, können wir ihn mit einem Schachspieler vergleichen.

Beim Schach, hat einer der großen Meister einmal gesagt, kommt es ausschließlich darauf an, den Gegner zu vernichten. Was gut zu Hitlers Weltanschauung passen würde.

Im Schachspiel gibt es zwei extreme Typen, die wir durch berühmte Schachmeister illustrieren können:

- Ein besonders *defensiver* Typ war der Armenier TIGRAN PETROSJAN (Weltmeister 1963-1969). Seine Spezialität: Er igelte sich ein. Laut Wikipedia gilt er *als einer der größten Defensivspieler der Schachgeschichte und war nur schwer zu bezwingen. Einer seiner Spitznamen war daher 'bester Torwart Armeniens'.* Die Vernichtung des Gegners war ihm offenbar doch nicht so wichtig, denn *In Einzelturnieren ließ er viele Unentschieden zu.*

- Ein besonders *offensiver* Typ war der Armenier/Russe/Jude/Kroate GARRY KASPAROV (Weltmeister 1985-1993). Laut Wikipedia ist *Kasparows Schachstil dynamisch und aggressiv. Aufgrund seines angriffslustigen Schachstils und seines aufbrausenden Temperaments wurde Kasparow in der Schachwelt unter anderem als das „Biest von Baku" bezeichnet. Garry Kasparov brachte die Konkurrenz zur Verzweiflung. Seinen unbändigen Siegeswillen und den kompromisslosen Angriffsstil konnten selbst die besten Verteidiger nicht entschärfen.*

Wobei sich die Frage erhebt: Welcher Stil ist der richtige? Die Antwort darauf ist einfach: derjenige, welcher dem Charakter der Person entspricht.

Auf Hitler übertragen: Er ähnelt natürlich mehr Kasparov, brachte aber ein weiteres Element in seine Vorgehensweise: das hohe Risiko, verbunden mit einem extrem raschen, alle überraschenden Vordringen. Mit anderen Worten: Hitler war der Meister des *Blitzkriegs*. Und so lange er sich an diese seine Strategie, seine besondere Fähigkeit, seine ganz persönliche Eigenheit hielt, solange hatte er Erfolg. Doch im Falle Dünnkirchen und Moskau wich er davon ab - und verlor.

Natürlich hätte Hitler niemals gegen die in jeder Hinsicht übermächtige Sowjetunion die Oberhand gewonnen, selbst nach einer Eroberung von Moskau. Das gleiche gilt für die Japaner, die Amerika nie hätten besetzen oder gar halten können. Aber die Militärführer der beiden Länder wussten: Mit einem raschen, unerwarteten, besonders starken und schnellen Überfall hätten (und hatten) sie kurzfristig Erfolg, der dann irgendwie anders ausgebaut werden müsste.

Hitler trug mit seinen Blitzkriegen einige überraschende Siege davon, aber eben *nur* damit. Als er sich weigerte, gegen den Rat seiner Generäle, gegen seine eigene Überzeugung, einen solchen gegen die Sowjetunion zu führen, verlor er. Denn auf einen Zermürbungskrieg oder gar auf eine Verteidigung war er nicht vorbereitet und geistig auch nicht eingestellt.

Wie man sieht: Des Menschen größter Feind ist er selbst. Seien wir froh, dass es manchmal so ist!

Sieg über Sowjetrussland
Die unterjochten Völker machen mit

Faktisches

Als die Nazis gen Osten marschierten, widerfuhr ihnen Seltsames: Die Bevölkerung der Sowjetunion begrüßte die Eindringlinge als Befreier. Die unterjochten Völker hatten genug von den Stalinschen Massenmorden, von Bespitzelung, Unterdrückung, Willkür und Erschießungen; von bewusst hervorgerufenen Hungersnöten und allgemeiner Trostlosigkeit. Zudem gab es Völker, die sich den Russen in keiner Weise verwandt und von ihnen unterdrückt fühlten: die Esten, Letten und Litauer, die Ukrainer, Armenier und Krimtataren. Sie alle machten sich später, als die Sowjetunion zerfiel, auch eiligst aus dem Staube. Das hätte schon früher geschehen können.

Das Wohlwollen der Bevölkerung für die Eindringlinge aus dem Westen fiel sogar einem so hartgesottenen Militär wie General Guderian auf. In seinem Tagebuch schrieb er:

Für die Haltung der Bevölkerung war kennzeichnend, daß Frauen aus einem Dorf im Kampfgelände mit Brot, Butter und Eiern auf

Holztellern an mich herantraten und nicht eher ruhten, als bis ich etwas genossen hatte. Leider hielt diese günstige Stimmung der Bevölkerung gegenüber den Deutschen nur so lange an, wie die wohlwollende Militärverwaltung regierte. Die sogenannten „Reichskommissare" haben dann in kurzer Zeit verstanden, jede Sympathie für die Deutschen abzutöten und damit dem Partisanenunwesen den Boden zu bereiten.

Denn es gab einen Führerbefehl, alles zu vernichten, was militärisch, zivil oder untermenschlich aussah, also praktisch alles. Der Befehl wurde von einigen Generälen sogar noch präzisiert und verschärft. Hier ein paar Beispiele:

Erich Hoepner ließ verlauten:

"*Der Krieg gegen Rußland ist ein wesentlicher Abschnitt im Daseinskampf des deutschen Volkes. Es ist der alte Kampf der Germanen gegen das Slawentum, die Verteidigung europäischer Kultur gegen moskowitisch-asiatische Überschwemmung, die Abwehr des jüdischen Bolschewismus. Dieser Kampf muß die Zertrümmerung des heutigen Rußland zum Ziele haben und deshalb mit unerhörter Härte geführt werden. Jede Kampfhandlung muß in Anlage und Durchführung von dem eisernen Willen zur erbarmungslosen, völligen Vernichtung des Feindes geleitet sein. Insbesondere gibt es keine Schonung für die Träger des heutigen russisch-bolschewistischen Systems.*" Beim Angriff auf die Sowjetunion im Jahre 1941 ordnete Hoepner als Kommandeur des XXXXI. Armeekorps und des LVI. Armeekorps die Erschießung russischer Kommissare in Uniform und zusätzlich auch die gleiche Behandlung von Zivilkommissaren an. Dieser völkerrechtswidrige Befehl ging damit über den "Kommissarbefehl" hinaus, der die unterschiedslose Tötung der sowjetischen Partei- und Verwaltungsfunktionäre nicht verlangte.

Walter von Reichenau bläute seinen Untergebenen ein:

Das wesentlichste Ziel des Feldzuges gegen das jüdisch-bolschewistische System ist die völlige Zerschlagung der Machtmittel und die Ausrottung des asiatischen Einflusses im europäischen Kulturkreis. Hierdurch entstehen auch für die Truppe Aufgaben, die über das hergebrachte einseitige Soldatentum hinausgehen. Der Soldat ist im Ostraum nicht nur ein Kämpfer nach den Regeln der Kriegskunst, sondern auch Träger einer unerbittlichen völkischen Idee und der Rächer für alle Bestialitäten, die deutschem und artverwandtem Volkstum zugefügt wurden. Deshalb muß der Soldat für die Notwendigkeit der harten, aber gerechten Sühne am jüdischen Untermenschentum volles Verständnis haben. Sie hat den weiteren Zweck, Erhebungen im Rücken der Wehrmacht, die erfahrungsgemäß stets von Juden angezettelt wurden, im Keime zu ersticken.

Erich von Manstein verfügte folgendes:

"*Das jüdisch-bolschewistische System muß ein für alle Mal ausgerottet werden. Alle Erhebungen, die meist von Juden angezettelt würden, im Keime zu ersticken.*" Er drängte die Einsatzgruppe D mit deren zuständigem Sonderkommando 11b die erst für den März 1942 vorgesehene Liquidierung der in Simferopol lebenden Juden und Roma noch vor Weihnachten durchzuführen. So fiel am 6. Dezember 1941 der Entschluss zu einem weiteren Massenmord.

Hermann Hoth forderte am 17. November 1941 seine Soldaten auf, "*kein Mitleid oder Weichheit gegenüber der Bevölkerung zu zeigen, keine Sorglosigkeit und Gutmütigkeit gegenüber Partisanen, dafür aber Herrentum und NS-Weltanschauung, gesunde Gefühle des Hasses und der Überlegenheit sowie Verständnis für die erbarmungslose Ausrottung von Kommunisten und Juden.*" Denn: "*Die Notwendigkeit harter Maßnahmen gegen volks- und artfremde Elemente muss gerade von den Soldaten verstanden werden. Diese Kreise sind die geistigen Stützen des Bolschewismus, die Zuträger seiner Mordorganisation, die Helfer der Partisanen. Es ist die gleiche jüdische Menschenklasse, die auch unserem Vaterlande durch ihr volk- und kulturfeindliches Wirken so viel geschadet hat, heute in der ganzen Welt deutschfeindliche Strömungen fördert und Träger der Rache sein will. Ihre Ausrottung ist ein Gebot der Selbsterhaltung.*"

Und so geschah es. Die Wehrmacht hielt still, beschützte die SS-Massenmörder bei ihrem anstrengenden Tagwerk oder leitete die eigenen

Soldaten an, Gruben ausheben zu lassen, in die dann alles volksfeindliche Volk hineingeschossen wurde.

Hätte es auch anders kommen können? Es kam sogar anders! Das zeigt beispielhaft der Fall BRONISLAW KAMINSKY (1899-1944). Der ehemalige russische Strafgefangene wurde von Panzerkommandör RUDOLF SCHMIDT (1886-1957) engagiert, um im Raum Lokot für Ordnung zu sorgen, d.h. Selbstverwaltung einzuführen und die Partisanen zu bekämpfen - ein überaus erfolgreiches Projekt, das nur zustande kam, weil General Schmidt die Führerbefehle unterlief, die Menschenrechte auch gegenüber Kriegsgefangenen und Partisanen aufrecht erhielt, seine Soldaten zu Mäßigung aufrief, willkürliche Tötungen untersagte und mit der unterjochten Bevölkerung kooperierte. Ach ja, Rassenwahn war ihm unbekannt. Das Gebiet umfasste schließlich 1,7 Millionen Einwohner, und die dortige Verwaltung verfügte bald über eigene Truppen zur Bekämpfung sowjetischer Partisanen.

Mehr noch: Die unteren Chargen des Militärs, also diejenigen, die es mit der rauen Wirklichkeit zu tun hatten, waren über die Kooperationswilligkeit vieler Sowjetbürger hocherfreut. Sie nutzen sie für allgemeine Verwaltungsarbeiten, als zivilen Sicherheitsdienst, als Lastwagenfahrer, Piloten, Wartungspersonal, usw., ohne dass diese Hilfstruppen dafür bezahlt wurden oder sonstige Privilegien erhielten. Der Hass auf Stalin genügte. Doch diese Maßnahmen mussten ihren Vorgesetzten gegenüber verheimlicht werden, denn dort hieß es nur: alles liquidieren.

Fiktionales

So groß war diese geheime Armee, dass Schätzungen auf 1 bis 3 Millionen Mann kamen - alles Slawen, alles Menschen, die sonst von SS und Mörder-Wehrmacht ermordet worden wären. Hätte man diese Armee nicht öffentlich aufbauen, rekrutieren, einsetzen können? Aus drei Millionen wären dann vielleicht zehn Millionen geworden, eine ungeheure Zahl, besonders im Hinblick auf die permanente Schwächung der deutschen Armeen durch sowjetische Gegenangriffe (und vor allem durch den Winter). Wäre auf diese Weise nicht das Stalinsche Regime kurzerhand zusammengebrochen?

Es wäre. Und das heißt dann wohl: Hitler hat mit seinen Führerbefehlen einen schweren Fehler gemacht, denn er wollte schließlich das kommunistische Regime zu Fall bringen. Oder? Da müssen wir erst einmal definieren, was wir unter "Fehler" verstehen. Wenn ich einen Vortrag halte, und an einer bestimmten Stelle lachen die Zuhörer, so habe ich einen Fehler gemacht, wenn ich das *nicht* wollte; ich habe erreicht, was ich wollte, wenn ich es so wollte. Kurzum: Ein Fehler besteht in der Abweichung meines Ziels von der Wirklichkeit.

Hitler hatte im Verlauf seiner Karriere im Prinzip nur zwei Ziele: die Eliminierung der Juden und die Versklavung der Slawen. Dass dazu noch ein paar Nebenbedingungen erfüllt sein müssen (wie sich ein Physiker ausdrücken würde), das interessierte ihn nicht. Madagaskar will die Juden nicht aufnehmen? Dann eben Zyklon B. Stalin will nicht zurücktreten? Dann eben noch mehr Soldaten gen Osten schicken. Hauptsache, die Juden verschwinden aus dem germanischen Volkskörper, und die Slawen wissen, wo ihr Platz ist.

Hätte also Hitler die Kooperationsbereitschaft zahlreicher Sowjetbürger nutzen und damit Russland erobern können? Nein, niemals! Denn das war nicht sein Ziel, im Gegenteil: Es widersprach total seiner Weltanschauung, die ihm heilig war und an der er bis zuletzt festhielt. Diese kontrafaktische Geschichte, so sehr sie durch Fakten gestützt wird, scheitert am Charakter Hitlers. Wie so vieles andere auch, Gott sei Dank. Die Vorsehung sieht eben manchmal anderes vor, als diejenigen meinen, die sie gepachtet zu haben glauben.

Sieg über den Westen
Die deutsche Atombombe wird rechtzeitig fertig

Im September 1941 besuchte Deutschlands berühmtester Physiker, WERNER HEISENBERG (1901-1976) Dänemarks berühmtesten Physiker, NIELS BOHR (1885-1962). Eine Woche lang tauschten sich die beiden aus, dann war's geschehen: Bohr war entsetzt, denn sein ehemaliger Schüler hatte angedeutet, die Nazis würden eine Atombombe entwickeln - unter seiner, Heisenbergs Leitung - und diese dann auch einsetzen. Jedenfalls hat Bohr die Aussagen Heisenbergs so verstanden.

Die beiden schwiegen über die Details des Gesprächs, doch Bohr erinnerte sich Jahrzehnte später an seine eigenen Worte: "*Du hast mir gesagt, dass Deutschland siegen würde und es deshalb dumm von uns anderen sei, weiter auf einen anderen Ausgang zu hoffen.*" Und Heisenberg soll sinngemäß gesagt haben: *Wenn Deutschland den Krieg verlieren sollte, müsste alles getan werden, um dies zu verhindern.* Das allerdings sagte er, als ab 1942 klar war, dass Deutschland den Krieg nicht gewinnen würde, wohl aber die Sowjetunion. Lieber sollen die Deutschen über Europa herrschen als die Russen, so sein Kalkül. Also musste Deutschland auf jeden Fall den Krieg gewinnen, so seine Logik.

Das Gespräch hatte Folgen. Zwei Jahre später flüchtete Bohr in die USA und trug dem dortigen Präsidenten vor, die Entwicklung einer Atombombe durch die Amerikaner wäre dringend geboten, denn die Deutschen wären auch schon dran. Und so geschah es. Die amerikanischen Bomben landeten nicht auf Berlin, denn da war Deutschland schon besiegt. Dafür hatten die Japaner die zweifelhafte Ehre, als Versuchskaninchen für diese Höllengeburten zu dienen.

Nun also die Frage: Hätte Nazi-Deutschland eine Atombombe entwickeln können? Waren Bohrs Befürchtungen gerechtfertigt, oder blieb alles nur heiße Luft? Ab 1942 leitete Heisenberg den "Uranverein", der erst einen Atomreaktor, dann eine Atombombe entwickeln sollte. Weder das eine noch das andere wurde realisiert. Zu einer Atombombe kam es bekanntlich nicht, denn Heisenberg hatte bei einem Besuch von Heeresminister Speer angegeben, das Projekt der Uran-Anreicherung dauere drei bis fünf Jahre - eine durchaus korrekte Einschätzung, auf Grund derer sich Speer um andere Projekte kümmerte. Allerdings hätte durch einen funktionierenden Atomreaktor Plutonium erzeugt werden können - *das* Element zur Herstellung von Atombomben, was auch Heisenberg wusste.

Zwar hatte der Führer kein Interesse daran, denn ihm genügten seine Soldaten. Aber Rüstungsminister Speer hätte diese Forschung weiter treiben können. Heisenberg auch. Die technischen Voraussetzungen waren da, und es gab genügend Uran aus Belgien (die hatten es wiederum aus Belgisch-Kongo), aus dem spaltbares Material gewonnen werden konnte. Fähige Männer gab es auch, Geld hätte keine Rolle gespielt. Und dennoch wäre nichts daraus geworden. Abgesehen von den dauernden Bombendrohungen, die jegliche Entwicklung und Produktion erschweren, abgesehen vom allgemeinen Mangel an Rohstoffen - Heisenberg hätte nie eine Atombombe entwickeln können. Denn als deutscher Professor wusste er alles, und wer es besser wusste, schwieg, denn einem deutschen Professor widerspricht man nicht. Beleg dafür ist Heisenbergs Ablehnung eines überlegenen Reaktor-Designs seines Kollegen KURT DIEBNER: Heisenberg verwarf den Reaktor, weil er nicht von ihm selbst stammte. Und die kritische Größe einer Bombe hat er auch falsch berechnet. Nach Heisenberg wäre die Bombe viel zu schwer für ein Flugzeug gewesen.

Das gigantische Atombombenprojekt der USA war erfolgreich wegen seiner beiden gleichberechtigten Leiter: Der Physiker Oppenheimer sorgte für die Koordination der zahlreichen Wissenschaftler, General Groves hielt ihnen den Rücken frei und besorgte die Gelder. Oppenheimer und Groves kamen zudem gut miteinander aus und respektierten den jeweiligen Machtbereich des anderen. Das wäre in Nazideutschland nicht möglich gewesen. Außer vielleicht, jemand anderer hätte die Leitung des Projekts übernommen, wie es Christian v. Ditfurth in seinem Alternativweltenroman "Der 21. Juli" vorschlug.

Sieg über Eurasien
Die Nazis beherrschen die Alte Welt

Was also, wenn die Nazis tatsächlich das Regime in Moskau zu Fall gebracht, die Engländer in die Schranken verwiesen und zumindest einen Großteil Europas beherrscht hätten? Wie hätte sich

Großdeutschland entwickelt? Versuchen wir in aller Kürze ein paar Fragen zu beantworten:

- **Ist der Krieg jetzt zu Ende?**

Nein. Es gibt Menschen, die sind zufrieden, wenn sie das erreicht haben, was sie wollten. Hitler gehörte nicht zu ihnen. Hitlers Ziel war das Gleiche wie das von Napoleon: nicht ruhen, bevor nicht die ganze Welt unter seiner Vorherrschaft steht. So heißt es im berüchtigten Lied von HANS BAUMANN (1914-1988): "Heute gehört uns Deutschland, und morgen die ganze Welt" und: "Wir werden weiter marschieren, und wenn alles in Scherben fällt". Nach dem (eher unsicheren) Sieg über die Sowjetunion wird der Krieg weitergehen, unter anderem aus diesen Gründen:

(a) Ein so riesiges Land wie Russland vollständig zu unterwerfen ist selbst für eine so straff organisierte Armee, wie es die der Nazis war, nicht ganz einfach. Außerdem ist anzunehmen, dass Stalin und seine Getreuen rechtzeitig in den Osten des Landes flohen und von dort aus einen Partisanen- und Guerillakrieg starteten, mit dem die Nazis auf ihre brutale Art fertig zu werden versuchten: Alle erschießen. So aber wurde noch keine Guerilla-Armee geschlagen. Zudem kann ein Land nicht mit einer Armee verwaltet werden, noch dazu ein so riesiges. Dazu braucht es Beamte - eine Tatsache, die auch einem so gigantischen Eroberungskünstler wie Tamerlan unbekannt war, weshalb sein Reich in kürzester Zeit wieder zerfiel. Auf eine harmlose Ebene heruntergebrochen gilt hier Wilhelm Buschs Ausspruch: "Vater werden ist nicht schwer, Vater *sein* dagegen sehr."

(b) Von der Weltherrschaft war Hitler noch weit entfernt. Es gab den ganzen riesigen Osten (China, Vietnam, etc.) und vor allem den zweiten Erzfeind: die USA. Zu meinen, dieser Rest der Welt wäre vom verbündeten Japan erobert und verwaltet worden, ist lächerlich. Die hatten viel zu wenig Menschen, um zu erobern und anschließend die Herrschaft zu bewahren.

(c) Hitler war zum Krieg gezwungen, da er von den Eroberungen seine Untertanen bezahlen musste. Da ging es ihm wie den Römern: Sie brauchten ständig neue Gefangene (als Sklaven) und neue eroberte Länder (für Rohstoffe und Tributzahlungen). Zudem war Hitler zum Krieg gezwungen, weil er selbst nichts anderes kannte. Der Friede war für ihn nur die Pause zwischen zwei Kriegen, zur Erholung, Auffrischung, Vorbereitung des nächsten Kampfes.

(d) Schließlich war die "Endlösung der Rassenfrage" nur möglich, wenn die Bevölkerung durch Krieg abgelenkt war. Das hat schon George Orwell in seiner Dystopie "1984" so geschildert.

- **Wird der Holocaust bekannt werden, und wenn ja, was geschieht dann?**

Ausnahmsweise teile ich Alexander Demandts optimistische Analyse diesmal nicht. Demandt schreibt:

Wie hätte die deutsche Öffentlichkeit nach einem "Siegfrieden" auf das Bekanntwerden des Völkermords in den Konzentrationslagern reagiert? Deren fast perfekte Geheimhaltung war nur durch den Vollzug fern im Osten außerhalb des Reichsgebietes, nur unter kriegsbedingter Nachrichtensperre möglich. Nicht einmal in der Wolfsschanze bei Hitlers Tischgesprächen mit seinen engsten Mitarbeitern kam das offen zur Sprache. Auch unter ihnen gab es Angehörige des "sogenannten Bürgertums", das über jeden nach Osten abgeschobenen Juden "lamentiere" und ihm "Krokodilstränen" nachweine, so Hitler. Er blieb bei der Rede von einem künftigen Judenstaat auf Madagaskar.

An der Frage, wie die Deutschen nach einem Sieg die Kenntnis des Massenmords an den Juden aufgenommen hätten, scheiden sich die Geister. Manche meinen, man hätte den Schuldigen alles verziehen und wäre achselzuckend zur Tagesordnung übergegangen. Ich aber glaube, wir hätten ähnlich reagiert, wie wir nach der Niederlage des Regimes auf die Schauernachrichten tatsächlich reagiert haben, und hätte mit Carl Friedrich Goerdeler einen "Aufschrei der Empörung" erwartet; zwar keinen "Volksaufstand" wie jener, wohl aber eine Spaltung im Volk und in der Partei in Jasager und Neinsager. Es ist mir schlicht unvorstellbar, dass ein Wissen um diese beispiellos verbrecherische Schandtat ohne politische Folgen für die Verantwortlichen geblieben wäre. Die Zahl der für solche Schergendienste verfügbaren Bürger war doch gewiss begrenzt und der Umfang der zu erwartenden Akzeptanz erst recht. Das Entsetzen, die Scham und die Reue der Deutschen über dieses Geschehen sind kein alliiertes Implantat, sondern die unausweichliche Reaktion aller Rechtschaffenen und das moralische Fundament der Bundesrepublik.

Eine solche mögliche Reaktion geht von *unseren* Erfahrungen aus, die wir Fotos und Filme der zum Skelett abgemagerten Häftlinge gesehen haben, Dokumente von Massenerschießungen, Berichte Überlebender. Nichts davon hätte es im siegreichen Großdeutschland gegeben. Viel wahrscheinlicher erscheint mir: Der Holocaust wird verschwiegen werden, solange wie möglich. Es wird ein "Holocaust-Leugnungs-Gesetz" geben, umgekehrt wie das jetzige, aber ähnlich dem in der Türkei in Bezug auf den Völkermord an den Armeniern: Wer etwas von Massenmorden faselt, wird sofort liquidiert.

Allerdings: Im Lauf der Zeit werden immer mehr Fakten durchsickern, vor allem durch Journalisten aus halbwegs neutral gebliebenen Ländern (Schweiz, Schweden). Wenn die Massenmorde im Osten nicht weiter verschwiegen werden können, wird man das tun, was auch in der Sowjetunion üblich war: "Wenn das der Führer (Väterchen Stalin) wüsste!". Irgendwelche subalternen Beamten sind an allem schuld. Sie werden bestraft (und später begnadigt), und ein paar ganz oben (Himmler, Eichmann) treten möglicherweise in den vorgezogenen Ruhestand. Im übrigen werden die Massenmorde irgendwann von selbst aufhören, weil niemand mehr da ist, den man in den KZs verhungern oder verbrennen lassen kann.

- Wer wird Hitlers Nachfolger?

Niemand. Hitler hat schon dafür gesorgt, dass in seiner Umgebung keine ihm gleichwertige Persönlichkeit hochkommt. Schauen wir uns andere Länder an: In der Türkei dauerte es rund hundert Jahre nach Atatürk, bis ein vom Volk anerkannter neuer Führer das Land in eine neue Zukunft führt (oder in den Abgrund. Das weiß man bei Führern nie.). Nach Stalins

Tod dauerte es rund fünfzig Jahre, bis sich ein neuer starker Mann etablieren konnte. In Großdeutschland wird das ähnlich sein: Im Vordergrund wird irgendjemand den Staat repräsentieren, im Hintergrund werden Militär und SS die Fäden in Händen halten.

- Gibt es noch einen Weltkrieg?

Und ob! Vergessen wir nicht: Deutschland war nahe daran, selbst im ständigen Bombenhagel einen Kernreaktor zu entwickeln - Vorstufe für eine Atombombe. Selbst wenn der "Uranverein" unter Heisenberg keinen Erfolg gehabt hätte: Die Nazis verfolgten auch andere Projekte, darunter die Entwicklung einer "schmutzigen" Bombe. Zudem besaßen sie Flugzeuge, die den Weg über den Atlantik ohne weiteres schafften. Eine kleine "schmutzige" Atombombe auf New York, dem nächsten Ziel jenseits des Atlantiks - der dritte Weltkrieg wäre perfekt gewesen. Und kein Zweifel: Hitler hätte in seiner destruktiven Denkweise nicht davor zurückgeschreckt. Hätten die USA dann auch schon Atombomben besessen, was anzunehmen ist, dann wäre es mit Deutschland und Europa vermutlich zu Ende gewesen, und wir lebten in dieser Parallelwelt in Bunkern tief unter der Erde, während oben überlebende Wölfe radioaktiv verseuchte Schafe jagen ...

Noch wahrscheinlicher scheint mir die Variante, die OTTO BASIL (1901-1983) in seinem Roman "Wenn das der Führer wüsste" ebenso anschaulich wie grausig schildert: ein Atomkrieg mit dem ehemaligen Verbündeten Japan. Vergessen wir nicht: Die Allianz zwischen den beiden Ländern war sehr labil und ideologisch durch nichts gerechtfertigt. Ideologie war für die Japaner nicht wichtig, für die Nazis schon. Die Japaner wurden zwar zu "Ehrenariern" deklariert, aber die waren nun mal keine blonden, blauäugigen Germanen, sondern in den Augen der Nazis schlitzäugige Gelbhäute. Die Japaner wussten selbst, was sie von den Nazis halten durften, nämlich nichts, was Gemeinsamkeit und Treue betraf. Möglicherweise hätten sie, zusammen mit den Deutschen, oder jede Nation für sich, Atombomben entwickelt und erst mal gegeneinander eingesetzt. Denn die Ideologie der Nazis war vor allem auf eines ausgerichtet: den Tod.

Kaum ein Staatsmann hatte so viel persönliche Macht wie Hitler, deshalb sind seine Taten fast immer ein Spiegel seines Innenlebens. Man kann ihn in diesem Sinn als erfolgreichen Reschissör bezeichnen. Und da wir schon vom Theater sprechen, es gibt ein Stück, das Hitler am meisten beeindruckt hat: die Oper "Rienzi" von Richard Wagner. Zu Winifred Wagner, Leiterin der Bayreuther Festspiele und Freundin Hitlers, soll er über eine Aufführung des Rienzi, die er als Jugendlicher in Linz erlebt hatte, gesagt haben: „In jener Stunde begann es!"

Begann was? Hier kurz der Inhalt der Oper, aus Wikipedia:

Die Oper handelt in freien Zügen vom Leben des spätmittelalterlichen römischen Staatsmanns und Volkstribuns Cola di Rienzo (1313– 1354). ... Es kommt zum Volksaufstand gegen Rienzi: Die Plebejer selbst setzen das Kapitol in Brand, wo der Tribun residiert, Rienzi und [seine Schwester] Irene gehen stolz und von allen verlassen unter. Auch [ihr Liebhaber] Adriano, der von Irene nicht hat lassen können, stirbt in den Flammen.

Besonders bezeichnend ist die Schluss-Arie, wo der Schauspieler unter anderem singt:

Verflucht, vertilgt sei diese Stadt!
Vermodre und verdorre, Rom!
So will es dein entartet Volk.

Wir müssen nur noch "Rom" durch "Berlin" ersetzen, schon haben wir Hitlers Programm in einer Nussschale. Denn als der Krieg schon lange verloren war und der Führer dies so langsam akzeptierte, da gab er nicht etwa den Befehl, die Kriegshandlungen einzustellen. Im Gegenteil: Er befahl, die Kriegshandlungen maximal auszuweiten - auf das eigene Land. Alles, was den Alliierten in die Hände fallen und ihnen nützlich sein könnte, sollte zerstört werden. Das ist verständlich, denn die Taktik der "verbrannten Erde" war ein beliebtes Mittel von Verteidigern. Doch die allgemeine Zerstörungswut hatte auch die unteren Ränge des Reiches erfasst. So befahl der Stadtkommandant von Wien, den Stephansdom zunächst mit 100 Granaten in Schutt und Asche zu legen. (Die Wehrmacht hat es verhindert.) Die SS hat, ohne ausdrücklichen Befehl, die Berliner S-Bahn-Schächte, in denen die Einwohner der Stadt Zuflucht vor den Bomben der Alliierten suchten, geflutet und damit die Schutzsuchenden ertränkt (am 2. Mai 1945 um 7:55 Uhr), usw.

Hitler selbst war der Meinung, das deutsche Volk hätte IHN verraten und verdiene deshalb nichts anderes als die Vernichtung, die er den Juden und anderen "minderrassischen" Völkern angedeihen hatte lassen. Fanatische SS-Chargen führten seine Befehle bedingungslos bis zum Ende aus (und darüber hinaus, wenn möglich). Auch privat herrschte der freiwillige Tod: Goebbels brachte seine gesamte Familie (Frau und sechs Kinder) und dann sich selbst um. Hitler erschoss seine Gattin und dann sich selbst. Himmler schluckte Zyanid, Göring desgleichen. Tod und Vernichtung gegen alle, auch gegen sich selbst - das wäre die Zukunft des großdeutschen Nazireichs gewesen.

- Wie wird diese Zeit in der Literatur dargestellt?

Am bekanntesten ist wohl PHILIP K. DICKs Dystopie von der Eroberung Amerikas durch die Japaner, "The Man in the High Castle" ("Das Orakel vom Berge", 1962), interessant vor allem durch einen in dieser Nazi-beherrschten Welt publizierten kontrafaktischen Roman, in dem die Nazis den Krieg verloren haben, dabei aber nicht unsere bekannte Welt entsteht. Dick ist der Meister der verschachtelten Realitäten. Das kann man von ROBERT HARRIS ("Fatherland", 1992) nicht behaupten. Der produziert nur gepflegte Langeweile, ohne in irgendeiner Weise die Endzeitstimmung eines Nazi-eroberten Europas erahnen zu können. Warum auch, er ist ein nüchterner Engländer, wie kann der begreifen, was sich da abgespielt hat?

Das konnte aber der schon erwähnte OTTO BASIL ganz exzellent. Denn dieser Schriftsteller hat die Zeit hautnah erlebt. Wegen "Verspottung des Führers" wurde er von der Gestapo verhört, dank einer Intervention des Dichters Josef Weinheber aber nicht weiter behelligt. Basil kam auf Dienstreisen mit hohen Chargen aus Partei und Wehrmacht zusammen und knüpfte gleichzeitig Kontakte zu Widerstandsgruppen, schloss sich schließlich der österreichischen Untergrundbewegung an. So erfasste er das esoterisch-schwülstige Gedankenchaos der oberen Ränge in wunderbar gewählten Worten:

Den wir heilig sollten halten, den haben wir gefällt. Nicht ziemt uns beiden, nach der Wölfe Beispiel uns selber grimm zu sein wie der Norne Grauhunde, die gefräßig sich fristen im öden Tann. Hel will ihr Opfer!

Ganz genau. In einem langen Kapitel erschafft Basil sogar eine eigene Sprache, nordisch-arisch, passend zum Hirnschwulst der Machthaber. Hier ein Ausschnitt:

Der Inarteram arbeitet zur Zeit an einer neuen Mögesicht, er lebt äußerst zurückgezogen, doch Ocka und Hingult an den Lebensvorgängen sind ihm geblieben. Kommen Sie also! Der Inarteram wird inzwischen die Eurate befragen, den Beison, das Hellau, den Rann, den Riesert, den Mönerich, den Jahrureu, die Himelor und den Neunis.

Usw. Die Alternativwelt in Kürze: In Deutschland ist die Nazi-Ideologie voll erblüht. Es gibt Untermenschenlager, Leibeigene, Herrenmenschen, Zuchtmutterklöster, SS-Ordensburgen, Werwolf und Totenkopfverbände. Der Antiheld dieser ebenso bösen wie treffenden Satire heißt Albin Totila Höllriegl. Er ist von Beruf "Pendler", d. h. er pendelt die Wohnungen seiner Kunden aus, schützt sie damit vor "Erdstrahlen". Der Nachfolger von Hitler heißt Ivo Köpfler. Ruhe kehrt aber keine ein; es kommt zum Bürgerkrieg zwischen der Bauernvereinigung Bundschuh und der SA auf der einen, sowie SS und Werwolfverbänden auf der anderen Seite. Gleichzeitig bricht Köpfler mit den Japanern einen Atomkrieg vom Zaun, und Höllriegl endet im Kugelhagel. Von wem die Kugeln stammen, weiß keiner. Ausgesprochen lesenswert für alle, die das Wesen dieser seltsamen, unheimlichen und so tödlichen Macht begreifen wollen!

INTERESSANNTES
Die Welt in hundert Jahren

Wenn wir uns Gedanken über alternative Wirklichkeiten oder gar über die Zukunft machen, ist Fantasie gefragt. In beiden Fällen können wir aber die imaginierten Welten nicht mit der Wirklichkeit vergleichen, denn sie sind ja nicht wirklich, nur ausgedacht, logisch entwickelt, gedankenreich ausgestaltet. In diesem Sinn können wir also auch eine erdachte schöne neue Welt als alternative Historie betrachten. Die Science-Fiction-Literatur bietet dazu unzählige Beispiele, ernsthafte Prognosen zu allen Zeiten desgleichen. Nur musste man die früher in fantastische Romane verpacken.

Zwischen den kontrafaktischen Szenarien dieses Buchs und den erwähnten Fantasiewelten weitsichtiger Autoren gibt es einen großen Unterschied: Voraussagen sind tatsächlich mit der Wirklichkeit vergleichbar, wenn wir *Prognosen aus der Vergangenheit* betrachten. Dazu könnten wir Hunderte futurologische Essays analysieren und damit mehrere Bücher füllen. Wir wollen uns indes hier auf ein einziges Buch und seine faszinierenden Prognosen beschränken, das im Jahre 1910 erschien und den bezeichnenden Titel trägt: **Die Welt in hundert Jahren**. Die damals erdachten Realitäten für das Jahr 2010 entspringen oft Wunschvorstellungen, doch einige von ihnen sind so erstaunlich und vor allem so erstaunlich richtig, dass ich sie hier vorstellen möchte. Nicht nur die richtigen, auch diejenigen, die daneben lagen - und warum. Leider ist über die Autoren - bis auf wenige Ausnahmen - nichts bekannt.

Man bedenke: Im Jahre 1910 dachte niemand an einen Weltkrieg, schon gar nicht an deren zwei. Die Weltwirtschaftskrise war auch in Ansätzen nicht erkennbar, die Diktaturen der kommenden Jahre unsichtbar, etwas wie der Holocaust unvorstellbar. Telefonieren konnte man, fernsehen nicht, und Kinos mutierten ganz langsam aus Wanderkinos und Schaubudenattraktionen zu festen Einrichtungen und Vergnügungssälen. Aber auch an die Errungenschaften der Nachkriegszeit konnte niemand denken - Computer, Internet, Handys, Globalisierung, Bürgerkriege, weitere Völkermorde. 1910 waren die USA ein verschlafenes, wenn auch intern recht dynamisches Land, Russland ein schlafendes und sehr unruhig träumendes Reich. Eine Sowjetunion gab es nicht, an ein vereintes Europa dachte niemand.

Kommerzielle Flugzeuge, Gleichberechtigung der Frauen, moderne Erziehungsmethoden - alles im Schlummer der Geschichte verborgen. Und dennoch können einige der Voraussagen uns zum Staunen bringen.

Technik

Fangen wir gleich mit der verblüffendsten technischen Voraussage an, einer exakten Beschreibung des Handys! *Robert Sloss* nennt sein Gerät "Das Telephon in der Westentasche".

Die Bürger der drahtlosen Zeit werden überall mit ihrem "Empfänger" herumgeben, der irgendwo, im Hut oder anderswo angebracht und auf eine der Myriaden von Vibrationen eingestellt sein wird, mit der er gerade Verbindung sucht. Einerlei, wo er auch sein wird, er wird bloß den „Stimmzeiger" auf die betreffende Nummer einzustellen brauchen, die er zu sprechen wünscht, und der Gerufene wird sofort seinen Hörer vibrieren oder das Signal geben können, wobei es in seinem Belieben stehen wird, ob er hören ob er die Verbindung abbrechen will.

Zwei Details aus einer fiktiven Zukunft, die exakt zutreffen. Reiner Zufall, trotzdem verblüffend: Heute sieht man genügend Menschen, die den Blick starr aufs Handy gerichtet kopflos durch die Straßen gehen. Und, tatsächlich: Ein Anruf äußert sich auch durch Vibrieren. Weiterhin postuliert Sloss den Ersatz von Zeitungen durch Nachrichten auf dem kleinen Gerät:

Auf seinem Wege von und ins Geschäft wird er seine Augen nicht mehr durch Zeitunglesen anstrengen brauchen, denn er wird sich in der Untergrundbahn, oder auf der Stadtbahn, oder im Omnibus oder wo er grad' fährt, und wenn er geht, auch auf der Straße, nur mit der „gesprochenen Zeitung" in Verbindung zu setzen brauchen, und er wird alle Tagesneuigkeiten, alle politischen Ereignisse und alle Kurse erfahren, nach denen er verlangt.

Und natürlich sehen wir darauf auch Filme, Veranstaltungen, Operetten:

Und ist ihm damit nicht gedient, sondern steht sein Sinn nach Höherem, so wird er sich mit jedem Theater, jeder Kirche, jedem Vortrags- und jedem Konzertsaal verbinden und an der Darstellung, an der Predigt ober den Sinfonieaufführungen teilnehmen können, ja, die Kunstgenüsse der ganzen Welt werden ihm offen stehen, denn die Zentrale der Telharmonie wird ihn mit Paris, Wien, London und Berlin ebenso verbinden können, wie mit der eigenen Stadt.

Auch das große technische Problem sieht er:

Das einzige, noch in weite Ferne gerückte Problem ist das, unsere Empfangsapparate so empfindlich zu gestalten, dass sie alle Vibrationen aufnehmen können, und dass wir den Sendungsimpuls so in unserer Gewalt haben, dass er direkt zu dem ihm entsprechenden Reciver geht, ohne sich in alle Richtungen hin auszudehnen und zu zerstreuen, wie sie Wellen, die nach allen Richtungen hin sich verbreiten, wenn man einen Stein ins Wasser wirft.

Heute haben wir ein Satellitensystem, mit dem dieser Nachteil ausgeglichen wurde.

Nächste technische Prognose: lenkbare Luftschiffe. Doch warum treffen die zahlreichen Voraussagen für Zeppeline als *die* kommenden Luftschiffe nicht zu? Wikipedia schreibt über das Ende der Zeppeline nach dem Ersten Weltkrieg:

Die deutsche Niederlage im Ersten Weltkrieg bedeutete zugleich das Ende der deutschen Kriegsluftschifffahrt, denn die siegreichen Alliierten verlangten eine vollständige Entwaffnung der deutschen Luftstreitkräfte. Der Vertrag von Versailles nannte dabei die Luftschiffe ausdrücklich und forderte die Auslieferung aller verbliebenen Luftschiffe, Luftschiffhallen und der deutschen Fabrik, in der das Traggas hergestellt worden war, im Rahmen der Reparationsleistungen. Eine Woche vor Vertragsunterzeichnung, am 23. Juni 1919, zerstörten viele Kriegsluftschiffer ihre Zeppeline in deren Hallen, um sie nicht an die ehemaligen Gegner abgeben zu müssen.

Eine Wiedergeburt wurde von den Deutschen selbst verhindert. Wieder Wikipedia:

Das endgültige Ende kam mit dem Ausbruch des Zweiten Weltkrieges. Im März 1940 ordnete Göring die Sprengung der Luftschiffhallen und die Abwrackung der beiden verbliebenen Luftschiffe an. Die Aluminiumteile wurden der Kriegsindustrie zur Verwertung zugeführt. Die Sprengung der Luftschiffhallen in Frankfurt durch eine Pioniereinheit der Wehrmacht erfolgte am 6. Mai 1940. Den Grund für diesen scharfen Schnitt sahen viele Luftschiffer weniger in sachlichen Notwendigkeiten als vielmehr in der nationalsozialistischen Ideologie.

Dann kamen die Jumbojets für Passagiere, die Zeppeline verschwanden endgültig. Schade.

Politik

Kommen wir zur Politik, die besonders schwer vorauszusehen ist. Hier machten sich einige Autoren Gedanken darüber, wie man Krieg verhindern und Frieden erzwingen kann. Beide kommen fast zur gleichen Erkenntnis. Erst *Rudolf Martin* ("Der Krieg in 100 Jahren") über die friedensstiftende Wirkung einer Europäischen Union:

Zwischen Deutschland und Frankreich ober Deutschland und England oder Deutschland und Österreich-Ungarn ist ein Krieg in hundert Jahren vollkommen ausgeschlossen. Sämtliche europäischen Staaten, keinen ausgenommen, bilden in hundert Jahren eine Staatengemeinschaft, welche den gegenseitigen Krieg ebenso ausschließt, wie heute etwa ein Krieg zwischen dem Königreich Bayern und dem Königreich Preußen oder dem Deutschen Reiche unmöglich ist.

Denn auch der zunehmende Luftverkehr hat eine solche Menge gemeinsamer Bedürfnisse und Interessen geschaffen, dass in hundert Jahren sämtliche europäischen Staaten als Staatengemeinschaft ein gemeinsames europäisches Parlament und eine gemeinsame europäische Gesetzgebung haben. Durch die gemeinsame Gesetzgebung und durch die Verfassung der europäischen Staatengemeinschaft ist aber ein Krieg zwischen europäischen Staaten nicht nur ausdrücklich untersagt, sondern auch tatsächlich zur Unmöglichkeit geworden.

Kriege innerhalb Europas wird es nicht mehr geben, denn

Volkserhebungen in Europa sind undenkbar, da die europäische Gesamtverfassung und die Regierung aller Einzelstaaten eine sehr freiheitliche und dem Volkswillen entsprechende ist.

Ähnlich die einzig wirklich prominente Autorenperson des Buchs, die Pazifistin BERTHA VON SUTTNER (1843-1914, Friedensnobelpreis 1905). In ihrem Beitrag "Der Frieden in 100 Jahren" beschreibt sie die Welt der Zukunft als Geschichte der Vergangenheit in einem fiktiven Vortrag aus dem Jahr 2010:

Freundschaftsbündnisse, mit der Spitze gegen niemand, dehnten sich von einem Land zum anderen und von einem Kontinent zum anderen: Frankreich - England - Deutschland - Amerika; Amerika - Japan; und besonders was Europa betrifft, so wuchs aus all den verschiedenen Freundschaftsbündnissen langsam ein verbündetes Europa heran.

Frau von Suttner hat die Grundlage für jegliche gesellschaftliche und politische Änderung erkannt - den Bewusstseinswandel:

Der Widerwille vor den Massenschlächtereien, der Respekt vor dem Friedensideal nahmen zu. Die mächtigsten Kriegsherren rechneten es sich zur Ehre, als Friedensfürst gepriesen zu werden.

Auf welchen Grundlagen ruht unser Friedensregime? fragt von Suttner, und sie gibt eine erstaunliche Antwort:

Auf der einfachen Unmöglichkeit, Kriege zu führen. Wir sind im Besitze von so gewaltigen Vernichtungskräften, dass jeder von zwei Gegnern geführte Kampf nur Doppelselbstmord wäre. Wenn man mit einem Druck auf einen Knopf, auf jede beliebige Distanz hin, jede beliebige Menschen- oder Häusermasse pulverisieren kann, so weiß ich nicht, nach welchen taktischen und strategischen Regeln man mit solchen Mitteln noch ein Völkerduell austragen könnte.

Sogar die Phrase "auf den Knopf drücken", um damit einen Atomkrieg auszulösen, kommt bei ihr vor. Abschreckung als Friedensbringer - genau das, was in der Zeit des Kalten Kriegs (und wohl auch heute noch) einen eher unsicheren Frieden garantiert. Genau das Gleiche sagt *Everard Hustler* ("Das Jahrhundert des Radiums"), wobei der Begriff "Radium" nur durch "Atomkraft" ersetzt werden muss:

Der Krieg ist nämlich nur so lange möglich, so lange uns keine Waffe zu Gebote steht, gegen die es keine Gegenwehr gibt und deren alles zerstörender Wirkung wir verteidigungslos ausgesetzt sind. Im Radium nun hat man endlich die Waffe gefunden, die mit all diesen Möglichkeiten aufräumt und dafür die Unmöglichkeit der Verteidigung setzt.

Zurück zu Bertha von Suttner. Sie legt auch den Finger auf eine ideologische Wunde, die in den Köpfen von Wissenschaftlern und Laien immer noch Unheil verbreitet:

*Jahrtausende lang hat man seine Ansichten und seine Taten auf das Recht des Stärkeren gegründet und sich dabei - als man Naturwissenschaft studiert hatte - auf den "Kampf ums Dasein" berufen, und alle Entwicklung durch das Auffressen der Kleinen durch die Großen erklärt. Erst später ist man zu der Erkenntnis gekommen - und unter diesem Einfluss leben wir heute - dass der eigentliche Faktor in Natur und Gesellschaft, der zu höheren Formen führt, die **gegenseitige Hilfe** ist.*

Kultur

Natürlich gibt es auch Voraussagen, die - glücklicherweise oder leider - nicht (oder noch nicht) zutrafen:

- C Lustig ("Die Medizin in 100 Jahren") propagiert eine positive Eugenik, also eine gezielte Auslese derer, die Kinder bekommen dürfen: "*Gesunde Kinder können bekanntlich nur von gesunden Eltern kommen. ... Allmählich wird es dazu kommen, dass von all denen, die einen Ehebund eingehen wollen, diese Hauptbedingung, die Gesundheit, gefordert wird.*"

- Wilhelm Kienzl ("Die Musik in 100 Jahren") fürchtet: "*In hundert Jahren wird man von unseren großen Klassikern und Romantikern der Musik kaum mehr etwas kennen.*" Weil "*... bis dahin unser Tonsystem auf eine völlig veränderte Grundlage gestellt sein wird, so dass man eine Musik, die sich im Gebiete des temperierten Tonsystems bewegt, ganz und gar fremd und unverständlich finden wird.*"

- Jehan van der Straaten ("Unterricht und Erziehung in 100 Jahren") propagiert mehr Rücksichtnahme auf die individuellen Fähigkeiten der Kinder: "*Die Erziehung wird weit früher beginnen müssen als jetzt. Sozusagen vom ersten Lebenstage an, und der Lehrer wird kein solcher, sondern ein Lernender sein. Er wird das ihm anvertraute Kind und wird von diesem lernen müssen.*"

- Hermann Bahr, Schriftsteller aus meiner Heimatstadt Linz, nimmt in seinem Beitrag ("Die Literatur in 100 Jahren") das "self-publishing" voraus, also die Möglichkeit für jedermann/frau, selbst Bücher zu veröffentlichen: "*Wie Wagner an eine Zeit geglaubt hat, in der jeder sein eigener Künstler sein wird, so wird jeder dann sein eigener Dichter sein und keinen Dolmetsch seines Herzens mehr brauchen.*"

- Ed Bernstein ("Das soziale Leben in 100 Jahren") fragt sich und seine Leser, warum wir in hundert Jahren (also heute) noch arbeiten müssen; er propagiert Dinge, die es tatsächlich heute gibt: "*... ein Mindesteinkommen aller, das den Verkauf der Arbeit zu Hungerlöhnen unmöglich macht ... öffentliche Lohnämter, zusammengesetzt aus Vertretern der Allgemeinheit und der Berufsgruppen, werden Mindestlöhne festsetzen ...*"

- Ellen Key ("Die Frau in hundert Jahren") findet gut, wenn eine Art Bienenstaat etabliert wird: "*Man fand das Serum, durch welches die entsetzliche Krankheit, gegen die die Gesellschaft trotz zahlloser hygienischer Verwaltungsmaßregeln vergebens angekämpft hat - die Individualitäts- und Originalitätssucht - ganz erlöschen wird.*"

Schade, dass wir nicht wissen, wie in hundert Jahren unsere derzeitigen Prognosen beurteilt werden. Oder vielleicht ist es gut so. Denn wüssten wir, welchen Unsinn wir derzeit für wichtig und erstrebenswert halten - was täten wir dann?

Die Zeitmaschine
Ein Science-Fiction-Rätsel

Hätten Sie's gewusst? Die Firma Kairos behauptete, eine Zeitmaschine gebaut zu haben, mit deren Hilfe die Vergangenheit gesehen werden kann. Ist sie echt oder Fiktion?

Die Begegnung

"Unsere Wege kreuzen sich ständig!" sagte GESELLE[1] Jonas Sintermeier, Jurist und Berater der Kriminalstelle für außergewöhnliche Verbrechen.

"Da sind höhere Mächte im Spiel." meinte MEISTER[2] Lukas Wittgenfels, Professor für vergleichende Sprachforschung und logische Grundlagen der Epistemologie[3]. "Es gibt nämlich schon wieder ein Problem."

"Erzählen Sie."

"Die Firma KAIROS[4] behauptet, eine Zeitmaschine entwickelt zu haben. Und wir sollen überprüfen, ob die echt ist oder ein bloßes Zauberkunststück."

"Was? Wie? Sollen wir in die Vergangenheit reisen, uns selbst begegnen, uns selbst erschießen und dann schauen, was mit uns passiert?"

"Ich habe eher den Verdacht, die möchten, dass ich alte Sprachen identifiziere. Aber wie sie die Zeitreise-Paradoxa[5] vermeiden wollen, ist mir schleierhaft."

"Und ich soll wohl herausfinden, wer Jack the Ripper wirklich war, oder warum Jesus verurteilt wurde."

"Spannende Zeiten kommen auf uns zu ..."

Die Vorstellung

Die Firma KAIROS, entstanden aus einer Zusammenarbeit zwischen dem Institut für kosmologische Quanten-

Geometrodynamik[6] an der Princeton-Universität, einem ungenannt bleiben wollenden Großindustriellen sowie dem Verteidigungsministerium, machte aus der Präsentation ihrer sensationellen neuen Erfindung eine filmreife Schau. Der Ort war ein berühmtes Stadion, für das Reklame zu machen uns nicht zusteht, sowie eine Riesenbühne mit der neuesten Präsentationstechnik, die es überhaupt gab. Die Hologramme der Vortragenden waren so perfekt, dass man auch in der ersten Reihe nie wusste: Ist der echt oder bloß virtuell?

Wittgenfels und Sintermeier saßen in der ersten Reihe, eingeklemmt zwischen einem steif aufgerichteten männlichen Wesen mit massivem Oberkörper, an dem viele Orden klebten, der sich aber praktisch nie bewegte ("Sicher ein Roboter!" flüsterte Wittgenfels. "Nein, ein General" flüsterte Sintermeier zurück); und einem kleinen Mann mit viel Bauch, vielen Haaren unterm Kinn, einem haarlosen Oberkopf und einem grimmigen Blick, der die ganze Zeit hin und her rutschte und sich hier offenbar fehl am Platze fühlte ("Ein Zauberkünstler" flüsterte Sintermeier, "der den Unfug aufdecken soll." "Nein, einer der Geldgeber" flüsterte Wittgenfels zurück.)

Dann kam die Vertretung der Firma auf die Bühne geglitten/geschwebt - eine schlanke, große Frau mit Haaren, die ihren Kopf kunstvoll einrahmten, in einem langen engen Kleid voll Glitzerperlen, das ihren Körper kunstvoll umhüllte. "Die kommt aus China!" "Nein, aus Japan."

"Meine Zuhörerpersonen" begann die Dame, (oder ihr Hologramm), "mein Name ist Samhyeon und ich komme aus Korea. Ich will Ihnen kurz das Prinzip unserer Zeitmaschine erläutern."

Auf einer Riesenleinwand hinter ihr erschien ein kompliziertes Diagramm dieser Art:

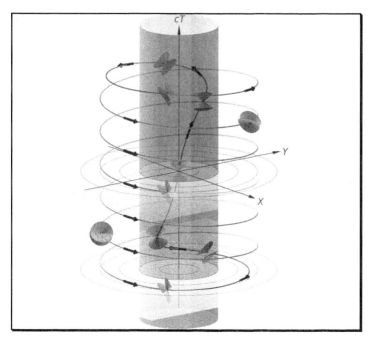

Die Zeitmaschine

"Sie sehen hier das Prinzip, das vor langer Zeit mathematisch von einem gewissen Kurtul Göder[7] erfasst wurde. Es beruht auf Formeln eines Herrn Alfred Eisenstein[8], mit denen dieser das Weltall als koordinatenfreies Ensemble gekrümmter Geodätischer in einer 4D-Welt beschrieb."

"Hä?" flüsterte Wittgenfels. "Wie?" flüsterte Sintermeier. "Humbug" brummte der Mann mit unten Bauch und oben ohne.

"Es geht darum" fuhr die verhüllte Dame fort, "ein spezielles Universum durch rasche Rotation aller punktförmig gedachten atomaren Bestandteile zu erzeugen, wobei die aus ihnen zusammengesetzten makroskopischen Körper aber in Ruhe bleiben[9]. In diesem Zylinder-Universum gibt es nicht-triviale geschlossene zeitartige Kurven, mit Hilfe derer durch den Transport entlang Killing-Vektorfeldern ... trotz der Verletzung des

Machschen Prinzips können dann durch nichtlineare Interpolations-Kernels -"

"Versteht kein Wort." "Zumutung." Humbug." Solche und andere Bemerkungen waren allerdings nicht mehr nur geflüstert, sondern drangen bis nach oben durch. Leicht irritiert blickte die Vortragende ins Unendliche und fuhr dann entschlossen fort: "Auf diese Weise sind Reisen in die Vergangenheit möglich."

Es stellte sich im Verlauf der weiteren Präsentationen heraus, dass solche Reisen zwar theoretisch möglich, praktisch aber undurchführbar waren, da irgendwelche Gegenstände auf nahe Lichtgeschwindigkeit beschleunigt werden müssten und zudem keine Garantie für ein Treffen mit der Vergangenheit vorhanden war. Doch die Firma hatte einen Ausweg gefunden: Mit Hilfe der oben erwähnten Kombi-Theorie war es möglich geworden, nicht einen Gegenstand oder ein Raumschiff zu beschleunigen, sondern das ja schon vorhandene Licht aus der Vergangenheit durch besagte Rotation einzufangen, wodurch ein Blick in zurück liegende Zeiten möglich wurde, ganz ohne Paradoxa.

Natürlich hatte die Methode noch ihre Macken. Das Einfangen überbeschleunigter Photonen war aufwändig, konnte nur bei extrem tiefen Temperaturen erfolgen und war zudem zeitlich begrenzt. Außerdem gab es keine Möglichkeit, auch Töne der Vergangenheit in der Gegenwart hörbar zu machen. Dafür gab es auch keine Zeit-Paradoxa. Alles blieb im hier und jetzt.

Das Team

Im kleinen Kreis dann wurden die Banknachbarn unserer Detektive den Detektiven vorgestellt. Der Herr mit dem steifen Gehabe und der schweigsamen Miene war tatsächlich ein General, der es gewohnt war, den Befehlen seiner Vorgesetzten zu lauschen oder solche an die niederen Ränge weiterzugeben. Da weder die eine noch die andere Menschengruppe vorhanden war, schwieg er berufsbedingt und sah in die Unendlichkeit. Der andere Herr war Historiker - derjenige, welcher die

Echtheit der an- und vorgeblichen Zeitmaschine überprüfen sollte. "Kévorkian" stellte er sich mit wütender Klarheit vor und starrte ins Leere, "Anastasius P. Kévorkian. Sie können mich Kevi oder Dr. Kork nennen." Ab da schwieg er wieder und starrte ins Unendliche, allerdings in die Gegenrichtung des Generals. Die beiden verkörperten sozusagen die beiden unterschiedlichen Zweige einer hyperbolischen Asymptote. Aber wir wollten ja Fachausdrücke vermeiden.

Die schöne Koreanerin setzte ihre Erläuterungen fort, im Stehen, während alle anderen saßen, sogar der General. Aber nur im Stehen kam die Schlankheit ihres Körpers voll zur Geltung. "Warum setzt sie sich nicht?" flüsterte Wittgenfels. "Sie repräsentiert den Zylinder der Zeitmaschine." flüsterte Sintermeier zurück.

"Meine Herren" begann Madame Samhyeon[10], "wie ich schon ausführte: Sie werden nicht reisen, sondern nur sehen, auch nichts hören. Zudem mussten wir die Ziele Ihrer Erkundigungen auf zehn Ereignisse beschränken. Der Hauptgrund liegt im energetischen Aufwand, der ist gewaltig. Ein zweiter Grund ist die Schwierigkeit der Aufrechterhaltung dessen, was die Filmleute 'continuity' nennen.

Wenn Sie beispielsweise Napoleon mit unserem Zeit-Teleskop verfolgen wollen, können Sie sich nicht an seiner Kleidung orientieren, auch nicht daran, dass er die Rechte in seiner Weste versteckt. Das hat er nur für das Porträt getan. Und Namensschilder tragen die Größen der Geschichte auch nicht. Es bereitet also gewisse Schwierigkeiten, eine einmal entdeckte Person durch die Zeit zu verfolgen.

Ich habe Herrn Dr. Kork gebeten, aus den zehn verfügbaren Vergangenheits-Szenarien drei auszuwählen, in denen er besonders bewandert ist und deren Echtheit er am besten beurteilen kann. Sie als Spezialist für antike Sprachen und Verhaltensweisen, und Sie als Kriminologe, werden ihm dabei behilflich sein. Die zugehörigen Ereignisse werden nach ihrem Aufspüren durch unsere Zeitmaschine auf die Wand projiziert - natürlich ohne Ton - und Sie können mit Ihren Mentalmikrophonen fortlaufend Ihre Eindrücke festhalten. Sie müssen Ihre Sätze nur denken.

Ich versichere Ihnen, dass Sie keine Aufzeichnungen sehen werden, sondern die Original-Ereignisse. Ich danke Ihnen für Ihre Bemühungen im voraus und überlasse Ihnen jetzt zehn Minuten zur internen Diskussion."

Anmerkungen:

[1] früher "Bachelor"
[2] früher "Master"
[3] Erkenntnistheorie
[4] Im Altgriechischen bedeutet "Kairos" den richtigen Zeitpunkt, im Gegensatz zum langen Zeitabschnitt Chronos. In biblischen Texten steht das Wort "Kairos" für einen von Gott gegebenen Zeitpunkt, eine besondere Chance und Gelegenheit, den Auftrag zu erfüllen.
[5] Großvater-Paradoxon: Ich erschieße meinen eigenen Großvater oder sorge wenigstens dafür, dass er meinen Vater nicht zeugen kann. Wenn mein Vater nicht existiert, kann auch ich nicht existieren. Dann aber kann ich auch nicht meinen Großvater ... siehe oben. Also existiere ich doch. Also kann ich doch ... siehe oben, ad infinitum.
[6] eine Verbindung zwischen Quantenmechanik und der Theorie, die früher "Allgemeine Relativitätstheorie" hieß
[7] Kurt Gödel
[8] Albert Einstein
[9] Hier die Formel dazu: $ds^2 = -c^2 dt^2 + dr^2/(1+(r/r_G)^2 + r^2 [1-(r/r_G)^2] d\varphi^2 + dz^2 - (2\sqrt{2} r^2 c)/r_G \, dt d\varphi$.
[10] "Honig-Zitronen-Tee, der bei einer höfischen Tanzmusik serviert wird"

Die Auswahl

Die Personen verließen den Raum, bis nur noch die drei "Zeit-Detektive" übrig blieben. Kaum waren sie unter sich, wachte Dr. Kork auf, fokussierte den Blick auf die beiden Mitstreiter für die Wahrheit und legte seine Brummigkeit ab. "Alles Betrüger" rief er, sich lebhaft auf den Bauch klopfend, "aber denen werden wir's zeigen. Mein Vorschlag sieht so aus: Jeweils einer von uns ist Haupt-Referent. Ich habe drei Szenarien ausgewählt: Napoleons Krönung, da weiß ich am besten Bescheid, das werde ich mir genau anschauen. Dann die Zustände vor und in einer Kathedrale, dafür habe ich meine Gründe. Das wäre etwas für Sie, Herr Wittgenfels. Sie verstehen ja auch etwas von Geschichte durch Ihre Sprachforschungen. Und schließlich, ich konnte nicht widerstehen: die Hinrichtung Jesu. Da können Sie, Herr Sintermeier, die Situation als Kriminologe am besten beurteilen."

Sintermeier war leicht schockiert "Was soll ich denn da tun? Etwa das, was ich sehe, mit den Berichten aus den Evangelien vergleichen?" "Nein" beruhigte ihn Dr. Kork, "nur objektiv, mit den Augen des geschulten Kriminologen, alles registrieren und sozusagen als Zeitreporter Ihr Mikro besprechen, äh bedenken. Sie müssen wissen: Vieles ist Mythos, aber in unserem Kollektivbewusstsein so fest verwurzelt, dass wir es für wahr halten und nie daran zweifeln, es könnte anders sein. Nehmen Sie das 'hölzerne Pferd', das die Griechen den Trojanern angeblich schenkten. Was sollen die mit einem riesigen Pferd, das man weder reiten noch als Denkmal aufstellen kann? Wieso mussten sie dafür die Tore erweitern? Und wie sollen sich in seinem Bauch griechische Soldaten verstecken? Das Pferd ist ein Übersetzungsfehler. Es war ein großes Schiff aus Holz, und sowas nimmt jeder gerne an.

Oder nehmen Sie Jesus. Jeder kennt sein Gesicht, aus bildlichen Darstellungen durch die Jahrtausende, inklusive der Schatten auf dem Grabtuch von Turin. Aber sah er wirklich so aus? In den Berichten des Neuen Testaments steht nichts über sein

Äußeres, aber ein paar Zeitgenossen - Gegner wie Celsus, Anhänger wie Tertullian - haben sich dazu geäußert."

"Und, was haben die gesagt?"

"Ich zitiere: Sein Gesicht war von überirdischer Schönheit, seine Gestalt aufrecht, seine Größe überdurchschnittlich. Zur Ergänzung ein anderes Zitat: Sein Gesicht war hässlich, fast entstellt, sein Körper verunstaltet, vielleicht sogar bucklig, und er war ziemlich klein."

"Sehr hilfreich. Ich werde mein Bestes tun."

"Hier also meine Bitte, auch an Sie, Herr Wittgenfels, und auch an mich: keine Beurteilungen, keine Plausibilitätsüberlegungen, keine Kritik. Zuschauen und objektiv aufzeichnen. Und jetzt ran."

Sie stülpten sich die Mentalmikrophone um, Dr. Kork rief laut "Wir sind so weit", und die Bilder begannen über die Projektionswand zu huschen.

Zeitepoche 1: Klassizismus

Ausschnitte aus dem Bericht von Dr. Kork über die **Krönung Napoleons**:

Als erstes kam der Papst, begleitet von seinen Lakaien, mit seinem lächerlichen Kopfschmuck und dem reich bestickten Gewand, das wie ein Teppich aussah. Anscheinend glaubten die Leute, es könnte regnen (oder es kämen böse Blicke von oben) - jedenfalls trugen seine Begleiter auch noch einen Baldachin, unter dem er ziemlich verschwand. Ich wundere mich immer wieder, wie hässlich die Menschen damals aussahen, die Männer wie Holzschnitte von spanischen Konquistadoren, die Frauen mit Kopfhäubchen wie alte Spinnerinnen.

Jedenfalls kamen Napoleon und seine Frau, pardon: Gattin, nein: Gemahlin gemeinsam, nachdem der Papst schon lange zitternd und angewidert in der (vermutlich eiskalten) Kathedrale gesessen hatte. Bei den vielen Begleitpersonen - Herolde, Pagen, Kammerherren, die Großmeister der Zeremonien, Marschälle, Stallmeister, viele viele Musiker - war das Paar kaum zu sehen. Alles, was Napoleon als Kaiser brauchte: Krone, Schwert, Reichsapfel, Mantel - wurde von anderen getragen, das stand ihm jetzt noch nicht zu. Es war wirklich schwer, den kleinen Möchtegern-Kaiser aus der Staffage der vielen Lakaien herauszuhalten. Er war wirklich klein; kein Wunder, dass die Psychoanalytiker den "Napoleon-Komplex" erfunden haben.

Die Zeremonie zog sich endlos hin. Irgendwann schmierte der 'Großalmosenier' (so hieß der beauftragte Kardinal) Öl auf die freien Körperflächen des zukünftigen Kaiserpaares und wischte es dann wieder ab. Die Leute bückten sich viel, nicht nur, um ihre Ehrerbietung zu zeigen, sondern wohl auch, um die Kleinheit des französischen Kaisers ein wenig zu kaschieren.

Nach der Ölung, pardon: Salbung segnete der Papst (vermutlich Pius VII) die herrschaftlichen Regalien. Herr und Frau Napoleon wälzten sich, jetzt wieder besser sichtbar, die Stufen zum Altar hinauf. Dort band er sich das Schwert um, ging weiter zum Altar, nahm die Krone mit der rechten Hand, hielt sie hoch und zeigte sie allen Anwesenden. Jetzt setzte er sie auf, nahm sie wieder ab, setzte sich den Lorbeerkranz auf, und setzte dann der vor ihm knieenden Josephine ihre Krone auf. Offenbar saß die Krone noch nicht richtig, er nahm sie ihr wieder weg und probierte es ein zweites Mal. Und so verging die Zeit ...

Zeitepoche 2: Gotik

Ausschnitte aus dem Bericht von Meister Wittgenfels über das Leben in und um eine mittelalterliche **Kathedrale**:

Unser Historiker hat zwar gesagt, ich solle nur beobachten und mich jeglichen Urteils enthalten. Aber ich kann nicht. Das, was ich gesehen habe, widerspricht so sehr allem, was ich über mittelalterliche Kirchen, Dome, Münster und Kathedralen weiß, dass ich mein Erstaunen einfach ausdrücken muss.

Es begann mit dem Äußeren des Gebäudes. Ich sehe die mittelalterlichen Kunstwerke vor mir, aus Fotos in Kunstbüchern: grauer, kunstvoll verarbeiteter Stein, mit grauen, ebenso kunstvoll bearbeiteten Statuen. Das mit dem "kunstvoll" stimmte, aber von "grau" konnte keine Rede sein. Nicht nur die unterschiedlichen Farben verschiedener Baumaterialien oder Fassaden waren zu sehen, nein, die einzelnen Fassaden waren schlichtweg bunt - manche mit Streifenmuster, manche gescheckert, andere sogar kariert. Wie ein Tischtuch aus einer bayerischen Wirtsstube. Die Statuen über den Portalen: buntes Holz oder glänzendes Gold.

Dann das Leben vor dem Gotteshaus. Wir sahen ja nur Bilder ohne Ton, aber ich glaubte das Lärmen der Menge förmlich zu hören. Hier ein paar Eindrücke: Da schlichen Bettler vorbei und zogen irgendetwas hinter sich her. Frauen in langen, grauen Gewändern mit wild wuchernden Kopftüchern wuschen Wäsche oder rupften Hühner. Männer in zweifarbigen Hosen (linkes Bein rot, rechtes Bein grün) stolzierten durch die Gegend und kickten alles beiseite, was ihnen wirklich oder eingebildet im

Weg lag. Am Eingang der Kirche, deren Tor weit offen stand, lehnten einige Frauen mit einem gelbe Tuch schräg um die Hüften, gelben Schuhen und offenen Haaren. Es muss sich wohl um eine Art Kennzeichnung gehandelt haben, aber so weit ich weiß, trugen nur Juden etwas Gelbes, und die werden kaum vor einer christlichen Kirche auf irgendetwas gewartet haben. (Später erfuhr ich: Auch Huren trugen gelbe Kennzeichen. Aber deren Anwesenheit ist genauso unwahrscheinlich wie die jüdischer Frauen ohne Kopftuch.)

Noch schockierender war der Anblick in der Kirche. Da, wo unsereins erhabene Ehrfurcht und andächtige Stille erwarten würde, tobte das Leben. Eine Reihe geschwätziger Frauen - man sah die Geschwätzigkeit an der Lebhaftigkeit ihrer Mund- und Körperbewegungen - saßen im Kreis auf dem Boden. Nebenan machte sich ein schäbig gekleideter Mann auf ein paar Lumpen ein Lager, legte seinen Beutel verschmutzter Habseligkeiten unter den Kopf und begann friedlich zu schnarchen. Weiter hinten fand offenbar ein Markt statt, oder eine Versammlung ehrwürdiger Männer, oder ein Bürgerrat, oder gar eine Theateraufführung. Ich weiß nicht. Jedenfalls nichts Frommes. Kirchenvertreter waren nirgends zu sehen.

Am Schockierendsten war für mich ein Misthaufen unmittelbar am Seiteneingang der Kirche: aufgetürmter Müll mit menschlichem und tierischem Abfall, und mitten drin: ein Säugling, der offenbar schrie, um den sich niemand kümmerte. Ob so die Wirklichkeit aussah?

Zeitepoche 3: Antike

Ausschnitte aus dem Bericht von Geselle Sintermeier über die **Hinrichtung Jesu**[1]:

Zu schrecklich waren die Eindrücke, ich flüchte mich in eine möglichst emotionslose Sprache. Aber das werde ich nicht durchhalten.

Die Gegend war trostlos, staubig, steinig. Eine Karawane zog vorbei, eine Reihe abgemagerter Männer, die sich vorwärts schleppten. Einige trugen einen Balken auf ihren Schultern, ein paar römische Soldaten, erkennbar an ihrer "bunten" Bekleidung, standen seitwärts Wache. Eine der elenden Gestalten fiel mir auf, wegen seiner Haltung: aufrechter als die anderen, mit einem gewissen Stolz trotz der vorangegangenen körperlichen Misshandlungen. Ich konnte auch sein Gesicht sehen: hager, langgestreckt, bleich von den Strapazen der Vor-Verurteilung; tiefliegende Augen, eingefallene Wangen, Haare, die ihm in die Stirn fielen und die Ohren bedeckten. Ob das Gesicht schön oder hässlich war, das kann ich unter diesen Umständen nicht sagen. Auf jeden Fall war es, trotz der tiefen Erschöpfung des Mannes, irgendwie lebendig, fast glühend.

Der Trauerzug erreichte sein Ziel, und das war kein Hügel, nur ein ebener Platz mit Zuschauern. Darunter sah ich Römer, die sofort durch ihre arrogante Haltung auffielen, aber auch einfach gekleidete Juden, gebückt, wie in Angst vor den Schlägen der

Besatzer, und einige Frauen. Eine von ihnen fiel in sich zusammen, zwei andere stützten sie.

Auf dem Boden lagen die Balken, die den Todgeweihten ihre letzten Stunden oder Tage zur Qual machen würden. Außerdem sah ich Nägel, Hämmer und Seile. Die zum Tode Verurteilten warfen die Querbalken auf die Holzstämme. Dann kamen je zwei Römer und legten einen Verurteilten auf das so entstandene Kreuz. Sie banden die Arme um das "T" und die Beine an den Längsbalken. Durch die Fußknöchel schlugen sie je einen Nagel. Ein weiteres Seil wurde an der Spitze des Längsbalkens befestigt. Dann wurde das Kreuz aufgerichtet - es lag schon in der Nähe einer Bodenvertiefung - und in das vorgesehene Erdloch hineingepresst. Schließlich wurde das Kreuz mit Erde und Steinen befestigt.

Ob die Verurteilten schrien oder ihr Schicksal stumm ertrugen, kann ich nicht sagen. Ich sah ihre Gesichter in der Höhe gegen die Sonne, und natürlich konnte ich nichts hören. Gottseidank. Und auch Danke den Veranstaltern dieses grauenhaften Schauspiels, dass sie es abbrachen und uns den Anblick des weiteren Verlaufs der (für die Römer wahrscheinlich alltäglichen) Hinrichtung ersparten. Es war auch so schlimm genug.

Die Aufklärung

Sie warteten gespannt auf Dr, Korks Urteil. Der sah wieder düster vor sich hin, kratzte sich am Bauch, kratzte sich an der Glatze und sagte dann: "Eine Episode war vollkommen richtig, jedenfalls, soweit unsere historischen Kenntnisse ein solches Urteil zulassen. Bei einer Episode war eine wichtige Kleinigkeit falsch, offenbar dem Zeitgeist und seinen Mythen geschuldet. In einer dritten Episode (aber nicht unbedingt in dieser Reihenfolge) waren historisch einwandfreie Fehler. Kurzum: Das ganze ist eine Hollywoodschau, keine Zeitmaschine."

Was hatte der Historiker zu bemängeln?

Hier die Lösung:

Dr. Kork dozierte nicht, er machte aus der Aufklärung ein Frage-Antwort-Spiel. "Was fällt euch bei der ersten Episode auf?"

"Klang alles ziemlich echt." "Die Kleinigkeiten kann ich nicht überprüfen. Aber hat Napoleon wirklich seine Gattin gekrönt? Ich dachte, *er* wäre dran."

"Es kling alles fast schon zu pompös" dozierte Kork, "aber so war es wirklich. Den Aufzeichnungen kann man trauen, den Gemälden ebenfalls. Uns geht es auch nicht darum, wie es *wirklich* war, sondern ob die Darstellung historischer Ereignisse korrekt sein könnte oder durch Mythen verfälscht wurde."

"Also war dies die Episode, wo alles stimmt?"

"Nein" entgegnete Dr. Kork und blickte finster in die Runde. "Ein Detail ist völlig falsch: Napoleon war *nicht* klein."

"Was? Aber das steht doch überall?" "Ja eben, und was ist mit dem berühmten Napoleon-Komplex? Den gibt es doch nur bei Männern, die zu klein sind für ihre politische Größe!"

Dr. Kork hub an zu einer großen Rede: "An dem Mythos sind die Engländer schuld. Erstens haben sie die französischen Längenmaße wörtlich übernommen - aber die maßen anders, und so wurde der Kaiser kleiner als er war. Eine Größe war er nicht - ein Meter siebzig sind nicht viel, für die damalige Zeit aber normal.

Zweitens diente es der englischen Propaganda. Die sehr fleißigen englischen Karikaturisten, vor allem Gillray, haben ihn oft als Zwerg dargestellt, und dieses Bild ist uns erhalten geblieben. Drittens schließlich förderte Napoleon selbst eine optische Täuschung: Er umgab sich gern mit hochgewachsenen Grenadieren. So sah er kleiner aus als er tatsächlich war."

"Kommen wir zu den Kathedralen" fuhr Kork fort. "Was haltet ihr davon?"

"Alles falsch." "Da ist nichts Heiliges drin." "Clowns in der Kirche!" "Huren an der Haustür!" "Sterbende Säuglinge im Müllhaufen!" "Picknick vor dem Altar!"

"Und - haben wir Recht?"

"Ganz und gar nicht!" rief Dr. Kork, und seine Augen glühten. "Bei dieser Schilderung ist alles richtig! Und glaubt nur nicht, das Mittelalter sei verkommen gewesen. Denkt daran: Damals badeten Männlein und Weiblein nackt - nur die Damen behielten ihre Kopftücher auf - in großen Bottichen. Wenn Sie als Mann sich in einem Hotelzimmer einmieteten, war der Zimmer-Service durch eine junge Maid inklusive - in jeder Lage, Sie verstehen. Und eine Kathedrale war keine Stätte der Meditation, sondern ein Versammlungsort."

"Aber doch nicht für Clowns und Akrobaten und Tänzer!"

Alles, was außen stattfand, konnte sich auch nach innen verlagern. Innen und außen gab es alles, was das Leben im Mittealter so ausmachte. Unerwünschte Neugeborene wurden auf dem Müllhaufen entsorgt, wo sie unter jämmerlichem Geschrei verdursteten, wenn sie nicht vorher von wilden Hunden gefressen oder von Männern gezielt als zukünftige Sklaven aufgesammelt wurden. Die Kathedrale selbst war eine Mischung aus Herberge und Allzweckhalle. Deswegen gab es dort auch alles: Versammlungen, Theaterstücke, Bälle, Picknick, Übernachtung. Ach ja: Öffentliche Toiletten waren im Mittelalter unbekannt."

"Aber die Heiligen in der Kirche und die Huren am Portal?"

"Die Damen des lockeren Gewerbes begleiten Könige, Kaiser und Päpste. Ihr Ansehen entsprach in etwa dem der Sozialarbeiterinnen unserer Zeit, und so wurden sie auch gesehen."

"Und wo bleibt die christliche Moral?"

"Die christliche Moral verbot Frauen, auf der Bühne zu singen. Sie verbot aber nicht, Knaben zu kastrieren, die dann Frauenstimmen hatten, wenn sie die Prozedur überlebten, was in mindestens der Hälfte der Operationen nicht der Fall war."

Nach einer kurzen Pause erschütterten Schweigens fuhr Dr. Kork fort: "Ist euch etwas aufgefallen bei der römischen Hinrichtung eines Nicht-Römers? Es könnte Jesus gewesen sein, aber wer weiß das schon."

"Sie entspricht den biblischen und ikonographischen Darstellungen."
"Ja, aber das sollte uns misstrauisch machen. Hab ich von Dr. Kork gelernt."

"Richtig!" Der Historiker strahlte wie ein Lehrer, dessen Lieblingsschüler soeben seine Gedanken (die des Lehrers) brillant wiedergegeben hatte. "Vieles mag stimmen, zwei Dinge aber nicht.

Erstens kann das Gesicht von Jesus nicht langgezogen und auch nicht bleich gewesen sein. Richard Neave von der Universität Manchester, ein Experte für die Rekonstruktion von Gesichtern auf Grund des Schädelskeletts, umgab einen Schädel aus Jerusalem aus dem 1. nachchristlichen Jahrhundert mit Schichten aus Lehm. Heraus kam ein gedrungener Kopf mit dunkler Hautfarbe und Locken. So jedenfalls sahen Juden aus Palästina damals aus, und nirgendwo wird erwähnt, das Aussehen Jesus' wäre völlig anders gewesen. Der Mann war nun mal kein blonder, blauäugiger, langschädeliger Germane. Das wäre allen Berichterstattern aufgefallen."

"Aber die Kreuzigung? Die wird doch überall so geschildert?" "Eben. Und es gab schließlich Zehntausende dieser Vorfälle in der gesamten Antike, da wird es doch wohl Fakten dazu geben?"

"In der gesamten Antike finden wir keine einzige konkrete Schilderung dieser grässlichen Hinrichtungsart, und keine einzige bildliche Darstellung."

"Na gut, aber was spricht denn dagegen, dass christliche Maler den Tod Christi korrekt gemalt haben?"

"Drei Gründe. Überlegen Sie mal: Nach dem Sklavenaufstand unter Spartakus wurden nach zeitgenössischen Berichten 6000 Aufständische entlang der Via Appia gekreuzigt. Beim jüdischen Aufstand 70

v. Chr. gab es 500 Kreuzigungen pro Tag - und das mehrere Monate lang! Glauben Sie wirklich, die Römer hätten Zeit und Material genug gehabt, dieses Massaker in kurzer Zeit hinzukriegen? Oder die Muße, das Kreuz an Ort und Stelle zusammen zu bauen?"

"Aber sie werden doch die Leute nicht an die Mauer oder an Bäume genagelt haben."

"Nein, die Leute wurden an einem *Andreaskreuz* befestigt. Das sieht aus wie ein flaches "x" und wurde an einen Baum oder an eine Mauer gelehnt."

"Und was war der zweite Grund?"

"Man fand in Jerusalem die Überreste eines gekreuzigten jüdischen Königs. Es handelte sich um Antigonos den Hasmonäer, der auf Befehl von Marcus Antonius 37 v.u.Z. erst enthauptet, dann gekreuzigt wurde. Dabei wurde etwas Seltsames entdeckt: Seine Hand wurde zwischen Zeige- und Mittelfinger an einen Arm des Kreuzes genagelt, aber von *hinten*. Was bedeutet: Er hätte niemals daran *hängen* können. Der kleine Nagel diente ausschließlich dazu, ihn zu fixieren. Er konnte sich nicht vom Kreuz lösen, und Nägel durch die Fersen unterstützten das."

"Aber die Römer hätten doch bei besonderen Anlässen einen Verurteilten am Querbalken aufhängen können."

"Da gab es Experimente in Jerusalem, natürlich nicht wirklich. Ob mit Nägeln oder mit Seilen befestigt - abgesehen vom Aufwand, die Delinquenten wären zu früh gestorben. Und die Römer hatten Freude daran zuzuschauen, wie jemand drei Tage lange qualvoll stirbt."

Nach einigem düsteren Schweigen kam die Frage: "Und der dritte Grund?"

"Im Johannes-Evangelium 19,29 heißt es: *Sie füllten einen Schwamm mit Essig und steckten ihn auf ein Ysoprohr und hielten es ihm an den Mund*. Der Ysop ist ein kleines Mauergewächs - wie soll man damit den Mund eines weit oben hängenden Delinquenten erreichen?"

"Aber warum sehen wir dann auf den Gemälden nichts mehr von dem Andreaskreuz? Und warum hat sich dann diese christliche Ikonographie durchgesetzt, mit dem I- oder T-Kreuz?"

"Das Andreaskreuz ist noch zu sehen in dem christlichen Symbol, ein P vor einem X, in griechisch: chi und rho, also die Anfangsbuchstaben von 'Christus'. Dass sich das andere Kreuz in allen Bildern durchgesetzt hat, liegt an Konstantin, der angeblich die Botschaft erhalten hatte: In diesem Zeichen wirst du siegen. 'Dieses Zeichen', das er sah, war aber das, was wir heute als Hinrichtungsgerät annehmen. Außerdem sieht es majestätischer aus, trotz des grausamen Zwecks, als ein flaches x."

"Man lernt nie aus." sagte Wittgenfels.

"Wie anders die Welt doch ist, als wir so glauben." meinte Sintermeier.

Sie verabschiedeten sich dankend und gingen nachdenklich nach Hause.

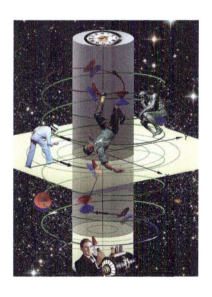

AMÜSANTES

Alles ist so schrecklich, da muss man auch mal entspannen. Deswegen zum Abschluss drei satirische Blicke in Alternativwelten.

Die erste Satire behandelt die Zersplitterung meiner Heimat infolge unglückseliger Umstände. In meinem wöchentlichen Rundbrief ("Notizen aus dem Schwarzen Loch") habe ich gelegentlich witzige Zukunftsszenarien entworfen. Aus dieser Sammlung stammen die zweite und die dritte Satire. In der zweiten geht es um das Gegenteil der ersten: Österreich wird durch "Wieder"vereinigung mit Bayern größer und bedeutender. Und die dritte Satire erzählt von einer Alternativwelt, wie sie Amerikas Expräsident Donald Trump einmal vorgeschlagen hat: Bewaffnet die Schulen, um Amokläufer abzuschrecken!

Der Untergang Österreichs
Eine Erzählung aus einer Parallelwelt

Was sich in fünfzig Jahren politisch alles verändern kann! Seit ich diese Satire in den Siebzigerjahren verfasste, hat sich die Weltkarte umgekrempelt. Jugoslawien gibt es nicht mehr, es ist zerfallen. Die Tschechoslowakei gibt es nicht mehr, sie ist zerfallen. Die DDR hat aufgehört zu existieren, sie wurde integriert (wird behauptet; ihre Bewohner sehen das anders). Der afrikanische Staat Burkina Faso hieß damals "Obervolta". Ich habe die Geschichte vorsichtig aktualisiert; an den politischen Grundlagen hat sich nicht viel geändert, weswegen die Geschichte immer noch aktuell ist. Oder vergnüglich. Oder beides. Jedenfalls alternativ.

Noch ein paar Erklärungen zu den Anspielungen. Einige Ereignisse sind vergessen, andere schlicht grotesk. So hat der damalige österreichische Bundeskanzler tatsächlich den afrikanischen Staat "Obervolta" (heute Burkina Faso) besucht und kulturelle, wirtschaftliche und politische Beziehungen geknüpft. Die Charakterisierung von Gemeindebauten als Zufluchtsorte für schüchterne Sexualverbrecher nimmt Bezug auf mehrere Gedichte des Wiener Lyrikers H. C. Artmann ("med ana schwoazzn dintn"). Und der Verein, der "Schundhefte" (also Science-Fiction-Romane) sammelt, ist der Wiener SF-Club, dem ich immer noch in Freundschaft und Treue verbunden bin.

Der Name "Österreich" ist heutzutage den wenigsten ein Begriff. Zwar taucht er in Redewendungen wie "Österreichische Schlamperei" auf, womit eine Unordnung unglaublichen Ausmaßes gemeint ist; das 'unglaublich' bezieht sich allerdings auf die Tatsache, dass der Staatsapparat und die sozialen Einrichtungen trotzdem funktionieren. Auch dürfen wir nicht vergessen, dass Aussprüche wie "Da muss was gschehn!" - irrtümlich einem bayrischen Politiker aus der zweiten Hälfte des 20. Jahrhunderts zugeschrieben, und "Da kann ma halt nix machen" - heute als Charakteristikum italienischer Staatsbeamter hingestellt - ursprünglich Leitmotive österreichischer Innenpolitik waren.

Vor dem Anfang vom Ende lag Österreich als kleiner, aber durchaus nicht unbedeutender Staat mitten in Europa:

Es prosperierte leidlich, lebte friedlich mit seinen Nachbarn und wurde jenseits des Atlantiks häufig mit Australien verwechselt, wenn man es überhaupt kannte. Auslösendes Element für die Auflösung dieses Staates war in Italien die Machtübernahme durch eine Koalition aus der "Lega solo" und der "Sforza Italia". Die eine wollte bekanntlich eine Trennung von allen Teilen des Landes, die ihnen zu unitalienisch erschien, was den Großteil des Nordens und des Südens umfasste, von der Mitte ganz zu schweigen. Die andere unterstützte dieses Ziel, aber von der anderen Seite aus gesehen.

Es geschah, was zu erwarten war: Im Süden hatten sich Sizilien und Teile Apuliens unter der Führung lokaler Mafiagrößen faktisch unabhängig gemacht. Im Norden verlangte die Südtiroler Volkspartei mehr Selbständigkeit für den von ihr vertretenen Landesteil. Beide Gegner der Zentralregierung befürworteten die Abspaltung vom italienischen Staat, wobei sie sich auf die Regierungsprogramme der beiden Koalitionsparteien berufen konnten. Die Regierung widmete sich zunächst, aber wenig erfolgreich, dem Süden, da der ihnen vertrauter war.

Diese Situation nützten die Südtiroler aus. Unter Berufung auf das Recht auf Selbstbestimmung, wohlwollend unterstützt von der österreichischen Regierung, brachten sie den Fall vor die UNO. Dort versprach man eine "ergebnisoffene" Prüfung, was dahingehend interpretiert wurde, dass ihre Abspaltungstendenzen gerechtfertigt wären.

Wie die Ereignisse nun im einzelnen abliefen, ist nicht mehr genau rekonstruierbar bzw. verstehbar. Die UNO stellte fest, die Region Südtirol wäre ohnedies schon autonom genug, und außerdem sei die Sache Angelegenheit der EU. Die Südtiroler, sprachlich noch nie sonderlich begabt gewesen, übersetzten die Stellungnahme als "Es ist nicht Autonomie genug" und handelten entsprechend. Sie interpretierten das Dokument als Freibrief zur Gründung eines neuen, eigenen Staates, und gingen hurtig daran, Verbündete für ihr Vorhaben zu finden.

Es wäre alles gut gegangen und eine politische Anekdote geblieben, hätten sie niemand gefunden. Aber Südtirol war ja einst Bestandteil eines größeren Tirols, dessen nördlicher und östlicher Teil damals Bundesstaaten von Österreich waren. Und in diesem Augenblick erklärte Tirol (Österreich), von der Vorherrschaft der ihnen stets fremd gebliebenen Wiener verärgert, seine Solidarität mit den Südtiroler Forderungen nach einem eigenen Staat, und bot sich als Bundesgenosse an. Man war sich schnell einig; schließlich sprach man die gleiche Sprache, liebte die gleichen Berge und den gleichen Speck (von den Knödeln ganz zu schweigen), und hasste die gleichen Völker. Kurzum: Nach nur sechswöchigen Verhandlungen wurden die "Vereinigten Tirolerlande" als selbständiger Staat proklamiert. Man bewarb sich sofort um Aufnahme in die Europäische Union, die ihnen verweigert wurde - wo käme man da hin. Also wandten sich die Tiroler an die UNO, beriefen sich auf die Möglichkeit der Wiedervereinigung, die ja auch schon einem anderen Land gewährt worden war, und entwickelten eine eigene Flagge sowie Nationalhymne.

In Wien, dem Sitz der österreichischen Zentralregierung, hatte man die Sache zunächst gar nicht ernst genommen. Als die Fakten dann unumstößlich dastanden, musste man Stellung beziehen. Man war zuerst ungeheuer schockiert, dann empört, schließlich verärgert und zuletzt kleinlaut. Man hatte die Wahl, den neuen Staat nun entweder zu verdammen oder sich mit ihm gut zustellen. Viel Wahl blieb der Regierung in Wien ja nicht, und so nahm sie diplomatische Beziehungen zum neuen Staatenbund auf, betonte die gemeinsame Vergangenheit und schloss ein Handels-, Verkehrs- und Kulturabkommen. Karte 2 veranschaulicht den ersten Schritt zur Auflösung Österreichs:

Der Austritt Tirols hatte schwerwiegende Folgen. Österreich war dadurch zerschnitten. Sein westlichstes Bundesland mit Namen "Vorarlberg" hatte schon immer Tendenzen zum Anschluss an andere Länder gezeigt. Vorarlberg nutzte die Gelegenheit, die Verwirrung in Wien und die allgemeine Frustration in Österreich und erklärte kühn seinen Austritt aus der Föderation, obwohl es gar keine Föderation und erst recht keine Austrittsmöglichkeit gab. Es beschloss, ein Schweizer Kanton zu werden, aber diesbezügliche Sondierungsgespräche mit Bern verliefen erwartungsgemäß erfolglos. Man hatte für die Sezessionisten günstigstenfalls ein mildes Lächeln parat; als aber deren Vorstellungen nicht endeten, griff man zu massiveren Abwehrmaßnahmen und unterhielt sich mit den Delegierten aus Vorarlberg nur noch in verschiedenen Schweizer Dialekten. Als die Gesprächspartner darauf hinwiesen, dass sie da nicht mitreden könnten, antwortete man ihnen: "Eben!". Vorarlberg gab aber nicht auf (zurück wollte es auf keinen Fall) und gründete schließlich mit Liechtenstein eine Zoll- und Währungsunion, wodurch der gewünschte Anschluss doch noch - wenn auch indirekt - zustande gekommen war. Man nannte sich die "Liechtenbergstaaten" und beantragte die Anerkennung durch EU und UNO. Karte 3 zeigt die neue Situation.

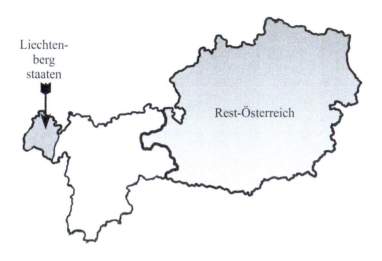

Den Verlust Vorarlbergs konnte die österreichische Regierung gut verschmerzen, zumal es von dieser Seite ohnedies immer nur Ärger gegeben hatte. Aber die nun fehlenden Fremdenverkehrseinnahmen der beiden Länder machten sich recht ungünstig in der Staatskasse bemerkbar. Die Zahlungsbilanz wurde immer unausgeglichener, die Auslandsverschuldung stieg enorm und das Ansehen der Regierung sank entsprechend. Diese kritische Situation machten sich gewisse anarchistische Kreise Kärntens zunutze, die in einer gut vorbereiteten und nach deutschem Muster organisierten Aktion den österreichischen Minister für Unterricht, Bildung und Kultur entführten und für seine Herausgabe die Unabhängigkeit eines Großteils von Südkärnten im Namen der dort angesiedelten, von der deutschsprachigen Bevölkerung unterdrückten, slowenischen Minderheit forderten. Die Gruppe nannte sich "Slowenisches Interaktions-Komitee" (abgekürzt SLOWIK) und schickte ein Tonband mit markigen Sprüchen an die Regierung zum Zwecke der Sendung in Rundfunk und Fernsehen.

Dass der deutsche Sprecher hochdeutsch mit schwäbischem Einschlag sprach, war an sich noch nicht verdächtig.

Merkwürdig wirkte jedoch die Tatsache, dass sich das angebliche Slowenisch als ein kroatischer Dialekt herausstellte. Immerhin, man nahm die Entführer ernst. Zwar meinten gewisse linke Blätter, Österreich habe auch ohne seinen Minister hinreichend Kultur, und die einzige Bildung, die er je betrieben hätte, wäre die Bildung eines Familienklans in seinem Ministerium gewesen, sodass man sich überlegen sollte, ob man überhaupt -, doch die bürgerlichen Blätter riefen empört, sowas könne man nicht dulden, man lasse sich nicht von ein paar dahergelaufenen "Tschuschen" erpressen, und überhaupt, wo käme man dahin, wenn auf diese Art diplomatische Prozeduren durchbrochen würden. Der Bundeskanzler schöpfte nach dieser massiven Unterstützung durch das Volk wieder Mut und blieb hart. Er drohte mit einer Volksabstimmung in Kärnten, bei der sich herausstellen würde, dass es gar keine Slowenen gäbe, und die Entführer gaben klein bei. Der Unterrichtsminister wurde unversehrt zurückgegeben, und damit war diese Krise erfolgreich überwunden.

Aber so ganz spurlos war die Angelegenheit an der Welt (sprich: an Österreichs Nachbarn) nicht vorübergegangen. Kroatien setzte die Forderungen SLOWIKs auf ganz legale Weise fort, allerdings mit der kleinen Modifikation, dass Südkärnten, historisch gesehen, ein Bestandteil Kroatiens sei und damit "heim ins Reich" gehöre. Diesem Standpunkt schlossen sich - entsprechend geographisch verschoben - Ungarn und die ehemaligen Staaten der Tschechoslowakei an. Ungarn meinte, das Burgenland sei eigentlich Bestandteil Ungarns - was man schon aus seiner geographischen Beschaffenheit und am Lebensstil seiner Bewohner erkenne -, und die Volksabstimmung, anlässlich derer es zu Österreich gekommen wäre, hätte sich dank untrüglicher wissenschaftlich-historischer Forschungsergebnisse als Fälschung erwiesen. Die Tschechen verwiesen auf die geschichtliche Zugehörigkeit des Böhmerwaldes zu Böhmen - darum hieß er so -, und forderten mit diesem Argument das Mühlviertel und Teile des Waldviertels, obwohl dort gar kein Böhmerwald war.

Derartige äußere Bedrohungen hätten nicht viel ausgerichtet, ja, sie hätten die Rest-Österreicher sogar einigen können, wäre die Welle der realen oder geplanten Sezessionen von innen heraus endlich zum Erliegen gekommen. Aber nun meldete sich plötzlich die Stadt Salzburg und erklärte sich als nicht mehr zugehörig zur Föderation österreichischer Bundesstaaten. Sie deklarierte sich selbst als Freie Deutsche Reichsstadt und begann, allen ihren Bürgern die deutsche Staatsbürgerschaft zu verleihen, vom Nachbarland Bayern wohlwollend unterstützt. Empört schickte die Regierung aus Wien ein Bataillon Grenzjäger nach der aufsässigen Salzachmetropole, aber diese erwirkte beim bayrischen Oberlandesgericht eine einstweilige Verfügung, die es österreichischen Truppen verbat, die Stadt zu betreten, bevor deren Zugehörigkeit geklärt sei. Gleichzeitig trug sie den Fall vor das deutsche Bundesverfassungsgericht, welches über die Staatszugehörigkeit urteilen sollte.

In einem sensationellen Urteil stellte dieses Gericht fest, dass zwar alle Bürger Salzburgs die ihnen angestammte Staatsbürgerschaft - also die österreichische - besäßen, dass aber gegen eine Doppelstaatsbürgerschaft grundsätzlich nichts einzuwenden wäre. Schließlich hätte das ehemals auch für die Bürger der ehemaligen DDR gegolten. Auch Salzburg fühle sich offenbar immer noch dem Deutschen Reich verbunden, das zwar seit längerer Zeit nicht mehr existiere, aber dennoch als real zu betrachten sei, da es "im Herzen aller aufrechten Deutschen" weiterlebe. Außerdem sei Salzburg einmal von Bayern aus verwaltet worden, sodass der Status einer "Freien Stadt" durchaus möglich sei, wenn auch ausreichende Argumente dafür fehlten. Für eine Klärung dieser Frage sei das Gericht allerdings nicht zuständig. Salzburg interpretierte das Urteil in seinem Sinne, grenzte ein ausreichendes Hinterland ab und machte sich endgültig selbständig.

Fast zur gleichen Zeit forderte die Grazer Sektion des PEN-Klubs mehr Selbständigkeit für die zweitgrößte Stadt Österreichs, der als neues geistiges und kulturelles Zentrum ohnedies ein ganz anderer Platz gebühre. Nur Linz blieb der Zentralregierung treu und bot sein Schloss, oder, wahlweise, das Brucknerhaus als Notquartier für die Wiener an, falls diese einst gezwungen wären, ihren Hauptwohnsitz infolge kriegerischer Verwicklungen verlassen zu müssen. - Die Situation sah jetzt so aus:

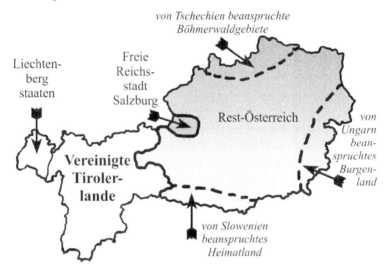

Die Bundesregierung war verzweifelt. Der Kanzler erklärte freiwillig seinen Rücktritt und schrieb Neuwahlen aus. Formhalber stellte er sich selbst auf die Wahlliste und wurde prompt wieder gewählt. Das änderte aber nichts an der Situation. Um dem Ganzen ein Ende zu bereiten, beschloss man, den Fall vor den Europäischen Gerichtshof zu bringen, was auch geschah. Einige Länder und Regionen Europas mischten sich fleißig ein und versuchten, das oberste europäische Gericht zu manipulieren. Da waren die Regionen Europas, die Verständnis für die abgespalteten Teile zeigten, vor allem das Baskenland, Katalonien, Schottland, Flandern und noch einige andere Regionen, von denen bisher niemand etwas gehört hatte. Dann gab es andere Länder - allen voran Frankreich und Großbritannien - die einer solchen Zersplitterung mit Empörung begegneten und der Zentralregierung ihre Unterstützung zusagten. Das Kosovo bot sogar die Entsendung freiwilliger Truppen an, es war aber nicht klar, für wen sie dabei kämpfen wollten. Österreich jedenfalls lehnte dankend jegliche Einmischung ab; die Lage wäre zu unübersichtlich. Das Gericht erbat sich ausreichend Beratungszeit; der Fall sei ungewöhnlich, seine Klärung hätte auf jeden Fall weit reichende Folgen. Schließlich erlahmte das Interesse, und die Angelegenheit drohte in Vergessenheit zu geraten.

Da hatte der österreichische Außenminister eine höchst ungewöhnliche Idee. Als eigenständiges Land, so argumentierte er, sei Österreich nicht mehr lebensfähig. Man müsse also den Anschluss an ein anderes Land suchen, doch sei man dabei schon einmal hereingefallen. Warum also die Angelegenheit nicht einem anderen überlassen? Und er schlug vor, den Staat Österreich, vielmehr das, was davon übrig geblieben war, an den Meistbietenden zu versteigern. Die Idee war einzigartig (sie blieb es auch), und vor ihrer Realisierung mussten ungeheure Schwierigkeiten überwunden werden. Sollte man das Land stückweise oder als ganzes versteigern? Welchen Verhandlungspreis sollte man festlegen und auf Grund welcher Kriterien? Wie regelten sich im Falle eines erfolgreichen Erwerbs die Besitzverhältnisse? Wer durfte mitbieten, Staaten, Organisationen oder auch Einzelpersonen? Hatten die versteigerten Objekte - also die Einwohner Rest-Österreichs - ein Einspracherecht, falls ihnen der Ersteigerer nicht genehm war? Diese und ähnliche Fragen wurden in zahlreichen internationalen Expertenkommissionen besprochen, geklärt und wieder verworfen. Immerhin war das Interesse erwacht, und viele Menschen besuchten das Land, das als erstes in der Geschichte mit Zustimmung seiner Bewohner verkauft werden sollte. Auf diese Weise erlebte Rest-Österreich fast so etwas wie eine späte Blüte; auf jeden Fall stand es eine Zeit lang im Mittelpunkt des allgemeinen Interesses.

Die Tatsache, dass - nach Klärung aller Fragen - niemand Österreich haben wollte, kann man nicht nur dem Land anlasten. Die Nachbarländer zeigten sich desinteressiert. Bayern war interessiert, Deutschland nicht. Eine Sezession Bayerns vom ungeliebten Land Bismarcks wurde zwar erwogen, dann aber doch wieder verworfen. Italien war durchaus interessiert, hatte aber kein Geld. Die Schweiz erklärte, sie hätte selbst genug Seen, Berge und Jodelchöre und wäre auf das zur Versteigerung ausgelegte Land nicht angewiesen. Die ehemals kommunistischen Nachbarn zerstritten sich untereinander, da jeder das Land allein für sich haben wollte, ohne die Forderungen der anderen anzuerkennen. Die Großmächte bekundeten ein gewisses Interesse; insbesondere die Volksrepublik China hätte einen derartig vorgeschobenen Vorposten ganz gern gesehen. Aber da erwachte das restliche Ehrgefühl der ebenso restlichen Österreicher. Sie lehnten die Fortführung der ruhmlosen Versteigerung ab und stellten den Antrag, Österreich zu einem UNO Mandatsgebiet zu erklären. Und so geschah es. Die endgültige Lösung sah dann folgendermaßen aus:

Die von anderen Ländern akklamierten Landesteile wurden diesen im Rahmen des für die bodenständige Bevölkerung Zumutbaren zugesprochen. Der Rest wurde zum Mandatsgebiet der UNO erklärt und vom jeweiligen UNO Generalsekretär verwaltet. Private Verhandlungen des Österreichischen Bundeskanzlers mit dem amtierenden UNO Generalsekretär, Herrn Ngwane Nguru aus Burkina Faso, verliefen dahingehend, dass man die Gemeinsamkeit der beiden Länder und deren stets ungetrübtes Verhältnis feststellte. Der Waren- und Kulturaustausch sei stets zur Zufriedenheit verlaufen und in graue Vorzeit zurück verfolgbar. Außerdem hätte es nie Grenzstreitigkeiten zwischen diesen beiden Ländern gegeben, sodass man mit vollem Recht von einem durch die Jahrhunderte ungetrübten, ja herzlichen Verhältnis sprechen könne. Zudem sei man sich in der wirtschaftlichen, technischen und geistigen Entwicklung inzwischen so nahe gekommen, dass dem Vorschlag, Österreich zu einem Bundesland dieses afrikanischen Staates zu machen, nichts im Wege stehe. Diesbezügliche Verhandlungen wolle man aber vorläufig geheim behalten.

Die ehemalige Hauptstadt Wien, der Wienerwald sowie Teile des Semmering jedoch wurden, zum ersten Mal in der Geschichte der Kulturstaaten, zu einem Menschheitsmuseum umgestaltet. Die Wiener wurden gebeten, ihren Lebensstil zu bewahren (was sie ohnedies getan hätten), und die Gegend wurde von der UNESCO zu einer kulturell wertvollen und bewahrenswerten Region erklärt. Soziologiestudenten, Historiker und Freizeitphilosophen strömten von da an in Scharen nach Wien, um die gesellschaftlichen, politischen, kulturellen, technischen und sozialen Verhältnisse einer vergangenen Zeit unverfälscht studieren zu können. Einige dieser Einrichtungen sind tatsächlich erwähnenswert, so

- die Straßenbahn, eine Vorrichtung zum Massentransport von Menschen entlang vorgefertigter Bahnen zum Zwecke der Aggressionsabladung (besonders am Morgen);

- der Heurige, die rituelle Verzehrung von mitgebrachten Broten und billigem Wein in eigens vorgesehenen Örtlichkeiten, mit Musikbegleitung;

- der Gemeindebau, festungsähnliche Wohnstätten für verwitwete Frauen, schüchterne Sexualverbrecher und sparsame Politiker;

- sowie diverse Vereine, die glauben, einen Beitrag zur Kulturgeschichte der Menschheit zu leisten, nur weil sie alte Schundhefte sammeln.

Als Bayern zu Österreich kam

Haben Sie sich schon mal überlegt, was in Europa das meiste, korrekt verdiente, Geld bringt? Natürlich Cum-Ex-Finanzgeschäfte, aber ich meine jetzt, wie erwähnt, "korrekt". Es sind Medienereignisse wie "Königliche Hochzeit", "Königliche Inthronisierung", "Königlicher Nachwuchs", "Königlicher Kauf von Babynahrung und Windeln", "Königlicher Spaziergang", usw. Wer also seine Staatsfinanzen aufpolieren will, sollte sich einen König zulegen, denn der macht sich, trotz aufwändigem Hofstaat, langfristig bezahlt. Aber woher einen nehmen? Und was macht man dann mit dieser unpassenden Regierungsform namens "Demokratie"?

Hier mein Vorschlag: Die beiden, mehr oder minder selbständigen, Länder Österreich und Bayern haben eine langjährige Tradition von Kaisern und Königen und eine ebenso langjährige Tradition in der Vermarktung ihrer (leider schon verstorbenen) königlich-kaiserlichen Hoheiten. Man denke nur an die Einnahmen der beiden Länder an touristischen Besucherzahlen diverser Schlösser (Schönbrunn, Neuschwanstein) sowie an verschiedenen Musicals (Sisi, Ludwig II).

Warum nicht an diesen edlen Gestalten anknüpfen und ein neues Königreich schaffen, das Vereinigte Königreich Österreich-Bayern? Sie waren ohnedies bis 1156 ein Reich und ein Volk, und der österreichische Volksheld Mozart war eigentlich ein Bayer (seine Geburtsstadt Salzburg gehörte damals nicht zu Österreich).

Es hätte für beide Länder ungeheure Vorteile. Als erstes würden die oben erwähnten Einnahmen weiterhin steigen. Die beiden Länder waren immerhin in jüngster royaler Vergangenheit schon einmal verheiratet; Kaiser Franz Josef (Österreich) und seine Gemahlin Sisi (Bayern) sind auch heute noch mythologische Gestalten von hoher Anziehungskraft. Nachfolger finden sich unter den Habsburgern und Wittelsbachern sicherlich zu Hauf. Zudem hätte ein Königshof den großen Vorteil, dass der lästige Rechnungshof da nichts mitzureden hat. Denn alle Ausgaben des Königspaares dienen dem Wohle des Staates, von der neuen Mithra für den katholischen Hausgeistlichen über den neuen Bezug für den Thron bis hin zu neuen Schuhen für die Kammerdiener. Keiner zweifelt am Sinn solcher Ausgaben, und dass königliche Untergebene ihre eigenen Familienmitglieder als Gehilfen einstellen, ist doch selbstverständlich. Anderen kann man schließlich nicht trauen, das wird auch das Volk einsehen.

Ein österreichisch-bayerisches Königspaar wäre außerdem eine echte Konkurrenz zu der britischen Alleinherrscherin, von den anderen europäischen Königshäusern ganz zu schweigen. Seien wir doch ehrlich: Der spanische König hat abgehalftert, seitdem er Nashörner schießt, während seine Untergebenen aus ihren Wohnungen geworfen werden. Das schwedische Könighaus ist nur interessant, solange diese Frau Sommerlath (von nicht-königlichem Geblüt) fürs gemeine Volk was übrig hat. Und die niederländischen Königskinder können nicht einmal Schifahren.

Natürlich müsste die Wiedereinführung royaler Herrschaftssysteme in Österreich durch eine Volksabstimmung genehmigt werden, was nicht weiter schwierig sein dürfte, denn schon 1938 erreichte ein Österreich-Heimkehrer 99% Zustimmung. In Bayern ist die Sympathie für seine echten und gefühlten Könige (Ludwig II, Franz Joseph Strauß) ohnedies ungebrochen. Allerdings müsste sich das Land aus jenem Verband lösen, dem es ohnedies keine Sympathien entgegenbringen kann. Möglicherweise würden einige Landstriche in Bayern die Wiedereinführung des Königtums ablehnen. Insbesondere der Volksstamm, der sich selbst "Frangen" nennt, könnte auf dem Erhalt der Demokratie (welcher?) beharren. Sollen sie doch! Sollen sie doch einen eigenen Staat gründen, der dann dem Deutschen Reich problemlos eingegliedert werden kann.

Nach Lösung der juristischen Probleme kommt als nächstes die Wahl der Hauptstadt dran. Hier bietet sich Salzburg als geeigneter Ort. Die Stadt hat ein kulturelles Niveau, das dem von Wien und München durchaus ebenbürtig ist. Es liegt ungefähr auf halber Strecke zwischen den ehemaligen Hauptstädten, war lange Zeit ein eigener Staat und beherbergt einen Musiker, der väterlicherseits aus Bayern und mütterlicherseits aus dem österreichischen Salzkammergut stammt, von Geburt an aber weder deutsch noch österreichisch war, sondern "salzburgisch".

Natürlich müsste das Königspaar seine Residenz in regelmäßigen Abständen wechseln, was nur an die Tradition mittelalterlicher Könige anknüpfen würde. Etwa ein Drittel der Zeit in Wien (Schloss Schönbrunn), ein Drittel der Zeit in Salzburg (Schloss Mirabell), ein Drittel der Zeit in der Umgebung von München (Schloss Linderhof, Neuschwanstein, Herrenchiemsee, etc). Das Königspaar muss selbstverständlich die Wiener Festwochen eröffnen, die Salzburger Festspiele, und das Oktoberfest. Die dazu nötigen mechanischen Kenntnisse werden von Kindheit an (durch einen eigens dafür angestellten Privatlehrer) eingeübt.

Die Aufgabe, eine neue, gemeinsame Nationalhymne zu finden, ist ebenfalls mit Leichtigkeit zu bewältigen. Immerhin hatte Österreich bereits eine kaiserliche Hymne, die dann - unter Verletzung von Copyright-Ansprüchen - von den Deutschen übernommen wurde. Diese Hymne von Joseph Haydn könnte das Vereinigte Königreich wieder zurückfordern bzw. mit neuem Text einfach verwenden oder vor dem europäischen Gerichtshof einklagen. Schließlich verwenden auch Estland und Finnland die gleiche Melodie für ihre nationalen Hymnen. In der ersten Zeile des neuen Staatsliedes muss es dann heißen: "Gott erhalte (X) den König", wobei für (X) der jeweilige Regent einzusetzen wäre. Die zweite Zeile müsste selbstverständlich eine Referenz, um nicht zu sagen: Reverenz, zur Königin enthalten; der Rest sei patriotischen Textdichtern überlassen.

Die gemeinsame Geschichte von Bayern und Österreich müsste allerdings, vorsichtig ausgedrückt, an manchen Stellen neu interpretiert werden. In der Schlacht bei Gammelsdorf (9.11.1313), in der bayerische Soldaten die Österreicher in die Flucht schlugen, ging es um - der Name sagt es ja - Gammelfleisch, das die Bayern den Österreichern zu einem überhöhten Preis verkauften, woraufhin diese eine Rücknahme forderten, was die Bayern verweigerten, weshalb es zu besagter Schlacht kam, bei der dann leider noch mehr Gammelfleisch produziert wurde. Die "Sendlinger Mordnacht" (25.12.1705), in der österreichische Soldaten die bayerische Zivilbevölkerung massakrierten, wird zur "Wendlinger Nordwacht" umgedeutet. Zwar liegt Wendlingen in Baden-Württemberg, aber die Historiker werden schon einen Grund für gemeinsame österreichisch-bayerische Aktionen im Ausland finden. Und Tirols Nationalheld Andreas Hofer (1767- 1810) kämpfte, wie bekannt, gegen den Usurpator Napoleon. Dass die Bayern zu dieser Zeit mit Napoleon verbündet waren, gehört zu den Zufälligkeiten der Geschichte, für die das Volk der Bayern gewiss nichts kann. Burghausen war natürlich keine Trutzburg gegen die verhassten Österreicher, sondern eine Art Begrüßungsbahnhof für die geliebten Nachbarn.

Um diese politischen Veränderungen zum Wohle der Länder und natürlich Europas durchzusetzen, werde ich demnächst eine Partei gründen mit dem vorläufigen Namen "Deutsch-Oesterreichische Freundschaftspartei", abgekürzt DOF. Wie gesagt, der Name ist vorläufig ...

Meine Zeit als Waffenträgerin

Nachdem Donald Trump den Vorschlag gemacht hatte, als Abwehrmaßnahme gegen Amokläufer an Schulen bewaffnete und spezielle ausgebildete Lehrer einzusetzen, hat sich diese Idee auch in Deutschland durchgesetzt. Hier der Bericht einer Lehrerin, die sich für dieses Amt freiwillig meldete, und was dann in der Realität tatsächlich passierte.

Als meine Schule eine Stelle als "Wehrbeauftragte Waffenträgerin zur Abwehr von Amokläufern" (WWAA) ausschrieb und dafür verschiedene Vorteile bezüglich Schullaufbahn und Schulalltag in Aussicht stellte, meldete ich mich dafür. Immerhin hatte ich beste Voraussetzungen: Mein Mann war Mitglied eines Schützenvereins, ich durfte seine Waffen nach Übungen mit den Kameraden von Rauch und Erdspuren befreien. Also wusste ich, was eine Waffe ist. Zudem war seit meiner Kindheit "Wonder Woman" mein Vorbild. Die hat zwar keine Waffen, aber die braucht sie auch nicht, wegen der Armbänder aus Titonit, die alle Kugeln abfangen können. Naja, physikalisch nicht ganz in Ordnung, denn wo bleibt der Rückstoß? Aber was soll's.

Solche Voraussetzungen überzeugten auch meine Direktorin. Sie versprach mir, meine Beförderung zur Oberstudienrätin zu beschleunigen, und außerdem wurde ich von den ungeliebten Klassenfahrten befreit. Dort wollen die Jungs sich nur besaufen und die Mädels fremde Männer aufreißen. Und ich als vorübergehend Verantwortliche soll das verhindern. Da ist es einfacher, einen Amokläufer mitten im Lauf zu stoppen, als pubertierende Mädels in Miniröcken von Männern fernzuhalten. Diese Argumente leuchteten auch der Direktorin ein, und so begann meine Karriere als WWAA.

Aber das war gar nicht so einfach. Es fing mit der Ausrüstung an. Natürlich hatte die Schule kein Geld, also waren wir auf ausgemusterte Waffen der Bundeswehr angewiesen. Die hatte vor kurzem ein Gewehr von Heckler und Koch als unangemessen eingestuft, weil es bei Erwärmung auf über 25° um die Ecke schoss. Das, so argumentierten die Fachbeauftragten an unserer Schule, sei im Ernstfall durchaus von Vorteil. Schließlich könnte sich der Attentäter irgendwo verstecken, da wäre ein Schuss um die Ecke genau das Richtige. Und so übten wir Zielen durch Schielen, eine interessante Herausforderung.

Die nächste Schwierigkeit bestand darin, die Waffe immer mit sich zu tragen, ohne dass es jemand merkt. Diese Anonymität sollte potenzielle Amokläufer abschrecken, denn dann weiß er nicht, welchen Lehrer er als erstes erschießen soll. So ein Sturmgewehr ist aber nicht so ohne. Im Gegensatz zu meinen männlichen Kollegen trage ich kein Jackett, unter dem eine Waffe verborgen werden könnte. Eine Weile versuchte ich, das Ding in der Unterhose zu verstecken. Aber abgesehen von den körperlichen Unannehmlichkeiten (ist das kalt!) und der Tatsache, dass es doch jeder merkt, war die Angelegenheit nicht nur für meine Blase fatal: Das Gewehr erwärmte sich, die Zielrichtung wurde noch weniger beherrschbar als im kühlen Zustand. Also versteckte ich das Instrument im Kasten mit biologischen Präparaten. Zwischen einer jungen Pythonschlange und einem geschrumpften Dreizehenfaultier wird es ja wohl keiner bemerken. Doch jeder in der Schule wusste es, aber es blieb zu hoffen, dass der potenzielle Attentäter von außen kam und die Sammlungen dieser Schule nicht so gut kannte wie ich oder die Schüler.

Die Ausbildung im Schießen war anstrengend, aber nicht so anstrengend wie die besagten Klassenfahrten. Und dann trat eines Tages, wer hätte das gedacht, der Ernstfall ein. Überall im Haus schrillten die Alarmglocken, aber jeder dachte, es wäre einer der üblichen Übungen für den Ernstfall, also für die Zeugnisvergabe. Doch dann hörten wir Schüsse im Haus, und da wusste zumindest ich: Deine Zeit ist gekommen.

Als erstes wollte ich mein Sturmgewehr holen, doch eine Kollegin hatte es beiseite geräumt, weil es zu viel Platz wegnahm. Bevor ich es im Physikzimmer (zu dem ich keinen Schlüssel hatte) hinter dem Planetarium fand, verging einige Zeit, und die Schüsse hörten nicht auf. Dann aber rannte ich, wie vorgeschrieben, sofort zum Attentäter, um ihn unschädlich zu machen.

Bloß, wo war er? Unsere Schule beherbergt an die tausend Schüler in drei Stockwerken, zwei Haupt- und fünf Nebengebäuden. Allein auf den Klang der Schüsse zu hören brachte nichts, denn die Echos kamen von allen Seiten, und wo war das Original? Ich rannte also Treppen rauf und runter, fragte vorbeieilende Schüler, ob sie jemand mit einer Waffe gesehen hätten, aber die hatten es immer so eilig, dass ich keine vernünftigen Informationen erhielt. Doch dann, purer Zufall, Glück oder Intuition, sah ich ihn. Und ich war schockiert: Es war ein Schüler aus meiner Klasse, einer der besten der ganzen Schule, bei allen beliebt, mit dem hübschesten Mädchen befreundet, in Mathe ebenso gut wie im Sport. Zudem trug er das gleiche Sturmgewehr wie ich.

Als er mich gerade erschießen wollte, und ich ihn, hörten wir einen weiteren Schuss ganz in der Nähe. Wir liefen den Gang entlang, und dann fanden wir ihn, den echten Amokläufer. Er hatte aus Frust, niemanden getroffen zu haben, sich selbst zu erschießen versucht, aber auch das war daneben gegangen. So wurde er später ärztlich versorgt und vor Gericht zu einer Bewährungsstrafe wegen Störung des Schulfriedens verurteilt. Doch das nur nebenbei.

Der gute Schüler mit dem Sturmgewehr aber war der WWAA auf Schülerseite, denn natürlich mussten sich auch die Schüler bewaffnen und ebenfalls anonym bleiben. Die Direktorin, zu der wir später einzeln gerufen wurden, lobte meinen Einsatz und teilte mir mit, dass ich mein diesbezügliches Amt nun leider aufgeben müsse, da meine Anonymität (die ohnedies nie bestanden hatte) offiziell aufgehoben wäre, ich mithin nicht mehr abschreckend wirke. Somit müsse ich ab sofort auch wieder Klassenfahrten übernehmen ("Aber ohne Waffe!" fügte sie mit schalkhaftem Lächeln hinzu), und für meine Beförderung zur Oberstudienrätin innerhalb der nächsten zwanzig Jahre würde sie sich auch weiterhin einsetzen, da könne ich ganz zuversichtlich sein. Mein vorsichtiger Einwand, ich wäre dann 77, konterte sie mit der Bemerkung, wenn es so weit wäre, müssten die Menschen auch bis zu diesem Alter arbeiten. Schließlich wäre ich noch fit, und als Rentner kämen die Leute ohnedies nur auf üble Ideen.

Zum Beispiel die Direktorin ihrer ehemaligen Schule zu erschießen. Aber das gehört nicht hierher.

Literatur

Einen guten Überblick bietet der Artikel "**Uchronie**" in Wikipedia.

Die folgenden Literaturangaben sind jeweils chronologisch geordnet.

Fakten, Anthologien

J. C. Squire (Herausgeber): **Wenn Napoleon bei Waterloo gewonnen hätte** und andere abwegige Geschichten. Heyne 1984 (1972)

Alexander Demandt: **Ungeschehene Geschichte**. Ein Traktat über die Frage: Was wäre geschehen, wenn. . .? Vandenhoeck & Ruprecht, Göttingen 1986

Niall Ferguson: **Virtual History**. Alternatives and Counterfactuals. Penguin Books, London 1997

Erik Simon (Herausgeber): **Alexanders langes Leben, Stalins früher Tod** - und andere abwegige Geschichten. Heyne 1999

Robert Cowley (Herausgeber): **Was wäre geschehen wenn?** Wendepunkte der Weltgeschichte. Knaur 2000

Roberts, Andrew. **What Might Have Been?** Leading Historians on Twelve 'What Ifs' of History. Weidenfeld & Nicolson 2004

Philip E. Tetlock, Richard Ned Lebow, Geoffrey Parker (Editors): **Unmaking the West**. What-if? Scenarios that rewrite World History. University of Michigan 2008

Alexander Demandt: **Es hätte auch anders kommen können**. Wendepunkte deutscher Geschichte. Propyläen 2010

Hans-Peter von Peschke: **Was wäre wenn**. Wissenschaftliche Buchgesellschaft, Darmstadt 2017

Fakten, einzelne Themen

Zeitreisen:

Peter Ripota: **Zeitreisen**. Fakten & Fiktionen. Books on Demand 2010

Erde ohne Mond:

Neil F. Comins: **What if the Moon didn't exist?** Voyages to Earths That Might Have Been. HarperCollins 1993

Saurius sapiens:

Peter Ward & Alexis Rockmann: **Future Evolution**. A. W. H. Freeman Book, Henry Holt and Company, New York 2001

Steffan Bruns: **'Sauro sapiens' - der intelligente Saurier**. Über die (möglicherweise nicht) kontrafaktische Evolution intelligenter Dinosaurier. Twentysix, Berlin 2019

Christentum:

Hyam Maccoby: **Der Mythenschmied**. Paulus und die Erfindung des Christentums. Ahriman-Verlag, Freiburg 2007-2013

Hitler und Zweiter Weltkrieg:

Henry A. Turner: **Geißel des Jahrhunderts**. Hitler und seine Hinterlassenschaft. Siedler, Berlin 1989

Dennis E. Showalter and Harold C. Deutsch (editors): **If the Allies had Fallen**. Sixty Alternate Scenarios of World War II. Frontline/Skyhorse 1997

Peter G. Tsouras (editor): **Third Reich Victorious**. Alternate Decisions of World War II. Greenhill Books 2002

Peter G. Tsouras (editor): **Hitler triumphant**. Alternate Histories of World War II. Greenhill Book 2006

Fiktionen, Anthologien

René Oth (Herausgeber): **Schöne verkehrte Welt**. Phantastische Geschichten zur Geschichte. Herausgegeben und mit einem Nachwort von. Luchterhand 1988

Karl Michael Armer (Herausgeber): **Hiroshima soll leben!** Die schönsten Alternativwelt-Geschichten. Heyne 1990

Mike Resnick (editor): **Alternate Warriors**. Tom Doherty, New York 1993

Gardner Dozois and Stanley Schmidt (editors): **Roads not taken**. Tales of Alternate History. Del Rey Book 1998

Harry Turtledove and Martin H. Greenberg (editors): **The Best Alternate History Stories of the 20th Century**. Ballantine Publishing Co, New York 2001

Watson, Ian; Ian Whates: **The Mammoth Book of Alternate Histories**. Constable & Robinson, 2010

Fiktionen, einzelne Themen

Welchen Einfluss haben Handlungen:

Edward Everett Hale: **Hands off**. Boston 1881

Wladimir Tendrjakow: **Anschlag auf Visionen**. Verlag Volk und Welt, Berlin 1989 (1987)

Jesus:

Newman, Bernard: **Hosanna**. Peach Publishing 1942

Roger Caillois: **Pontius Pilatus**. Ein Bericht. Verlag Mathias Gatza 1993 (1961)

Die finstere Zeit:

John Brunner: **The Society of Time**. The British Library, London 2020 (1961-1962)

Keith Roberts: **Pavane** oder die folgenschwere Ermordung von Elisabeth I. Heyne 1977 (1966)

Das sprachlose Land:

Ward Moore: **Der große Süden** (Bring the Jubilee). Heyne 1980 (1955)

1914:

Hannes Stein: **Der Komet**. Galiani, Berlin 2013.

Ben Elton: **Time and time again**. Penguin 2014

Hitler und Zweiter Weltkrieg:

Philip K. Dick: **Das Orakel vom Berge** (The Man in the High Castle). Heyne 1980 (1962)

Basil, Otto. **Wenn das der Führer wüßte**. Milena Verlag 1966

Norman Spinrad: **Der stählerne Traum** (The Iron Dream). Heyne 1981 (1972)

Sissini (= Dimitris N. Chorafas): **Samuel Hitler**. Melzer Verlag 1973

Christian v. Ditfurth: **Der 21. Juli**. Droemer-Knaur, 2001

Interessantes

Arthur Bremer (Herausgeber): **Die Welt in 100 Jahren**. Georg Olms, Hildesheim 2017 (Berlin 1910)

Bücher des Verfassers:

Zeitreisen. Fakten & Fiktionen

Das Auge Jupiters ... und andere Sciencefiction-Rätsel & Detektivgeschichten

Tangosehnsucht. Heiteres & Ernstes rund um den Tango

Omega. Eine Reise in das Reich unendlich großer Zahlen